新しい文明 上

アナスタシア
ロシアの響きわたる杉シリーズ
8-1

ウラジーミル・メグレ　にしやまやすよ 訳　岩砂晶子 監修

Anastasia Japan
直日

Новая Цивилизация

Владимир Николаевич Мегре

Книга VIII, часть 1 из серии «Звенящие Кедры России»

ノヴォシビルスク　630121　私書箱 44　ロシア
電話：+7 (913) 383 0575

---

ringingcedars@megre.ru
www.vmegre.com

新しい文明　上

もくじ

アナスタシア　ロシアの響きわたる杉

第八巻

新しい文明　上

＊本書に記載されている数値や数字は、ロシア語原書発行当時のものです。また、内容の一部に、現在の日本において一般的とされる解釈とは異なる箇所もございますが、著者の意図を尊重し、そのまま訳出いたしました。
本文中「＊」のついた括弧内は翻訳者および監修者による注釈です。

夜明けに感じた気持ち

アナスタシアはまだ眠っていた。果てしなく広がるシベリアのタイガの森の上に、明け方の空が白んでいた。この日は私の方が早く目覚めたが、アナスタシアの穏やかで美しい顔となめらかな身体の線に見とれた私は、寝袋のそばで静かに横になったままでいた。新しい一日のやわらかな陽の光が、彼女の顔となめらかな身体の線を、はっきりと映し出してきていた。空の下に寝床を用意するという昨夜の彼女の考えは名案だった。きっとあたたかく静かな夜になることを知っていたのだろう。アナスタシアはいつもの快適なほら穴の中ではなく、その入口の前にベッドを用意したのだった。彼女は私のために、前回私がタイガを訪れた際に持ってきた寝袋を敷き、その横に、干し草と花々を使って見事な寝床をつくった。

読者からの贈り物として預かってきた、薄い亜麻のひざ丈のワンピースをまとったアナスタシアは、タイガのベッドの上でとても美しく映った。もしかすると、彼女がそれを身に着けていたのは、私がいたからかもしれない。というのも、彼女は何も身に着けずに眠ることに慣れているからだ。干し草の山の中に入れば冬でも寒くない。もし寒くなったらベッドの干し草の量を増やせばいいのだ。干し草の中なら、アナスタシアほど寒さに強くないごく普通の人であっても、防寒着を身に着けることなく眠ることができる。今回は寝袋を使ったが、私も試したことがあるから間違いない。私は横になったまま、眠るアナスタシアを見つめ、この光景が映像になったとしたらどのように映るのだろうかと想像していた。

……果てしなきシベリアのタイガの奥にある、彼女の草地……明け方の静寂を破るのは、時おり壮大なシベリア杉の樹冠からかすかに聞こえる枝がすれる音だけだ。そして、美しい女性が干し草と花のベッドで安らかな寝息を立てている。その息遣いはほとんど聞こえないくらいで、彼女がタイガの癒しの空気を一定のリズムで吸ったり吐いたりするたびに、彼女の上唇に貼り付いていた細い草の茎がわずかに揺れ動く様子が見えるだけだ……

これまでは、タイガでアナスタシアが眠っている姿を見ることはなかった。彼女がいつも先に目覚めていたからだ。なのに今朝は……

私は彼女に見とれていた。私はそっと身体を浮かせて片肘にもたれると、彼女の顔をじっと見つめながら、考えに耽った。そして心の中で独り言をはじめた。

〝アナスタシア、きみはこれまでと変わらず美しいね。僕たちが出逢ってからもうすぐ十年が経つ。もちろん俺は、この十年で老けてしまったが、きみはほとんど変わらない。小じわだってきみの顔には刻まれやしないんだ。そうだな、金髪の中にほんの一束の白髪が現れただけだ。きみは本当に大変な目にあっていたんだな。それに、きみ自身やきみのアイディアに対抗して繰り広げられた大規模な一連の動きと、新聞や役人たちの発言から判断すると、闇の勢力の陣営で何かが起こっているようだ。なにせ俺を怒らせることにも躍起になるくらいだから、奴らにとってきみに襲い掛かることがどれほど大きなよろこびなのかは想像がつく。ただし、どうやら奴らの手はきみにまでは届かないみたいだがね……

きみにはこんな白髪の束が現れただけだ。それですら、きみの類まれな美しさを損ねることなんてできない。知ってるかい、今は髪の毛の束を様々な色で染めるのが流行りなんだ。若者たちのあいだでは、髪の束を明るい色にするのはお洒落でかっこいいとされているんだよ。きみにはそれが勝手に出てきたんだから、美容院に行く必要もないんだ。それに、きみをかすめた銃弾の傷もほとんど癒えた……〟

夜明けの空がさらに明るくなった。彼女のこめかみに残った弾痕は、すぐ近くから見てもほとんど気づかないくらいだ。じきに消えるだろう。

〝この瑞々《みずみず》しいタイガの空気に包まれたきみの世界で、きみは安らかな眠りについている。でも、まさに今、俺のいるあちらの世界でも、研究者たちが「革新的な情報」と呼ぶ、重要な出来事が起こっているんだ。それはひょっとするときみのおかげなのかもしれないし、俺の住む科学技術の世界の人々が、自身の心に従っているだけかもしれないんだが、人々が一族の土地を創造し、大地を実り豊かなものに変えはじめているんだ。彼らは魂で、アナスタシア、きみがかたどったイメージそして未来の自分の家族や国、ともすればこの世の秩序についての美しいイメージを受け入れたんだ。彼らはきみが語ったことを理解し、自らその美しい未来を築き上げているんだ。

俺も理解しようと頑張っている。できる限り努力している。きみが俺にとってどのような存在なのか、今はまだ完全に理解できていない。けれど、きみは俺に本を書くことを教え、息子を生んでくれた。俺を有名にし、娘からの尊敬を取り戻させてくれた……本当に多くのことをしてくれたね。でも肝心なことはそれだけじゃない。重要なことは、他の何かだ。ひょっとすると、それはどこかの奥底に隠れているのかもしれないな。

アナスタシア、俺は自分がきみのことをどう思っているのか、きみに伝えたことはなかったし、自分でも口にしたことはなかった。そうさ、そもそも俺は、人生で一度も「愛している」なんて言葉を女性に言ったことはなかったんだ。

それは俺が冷淡な男だからじゃなくて、この言葉が奇妙で真意が込められないものに思えていたからだ。だってそうだろう、誰かを愛しているのなら、愛する人にたいする行動そのものにその愛が表現されるべきじゃないか。言葉で伝えなければならないということは、すなわちその時点で、はっきりと感じられる行動がなされていないということになる。言葉よりも行動の方が重要だと思うんだ〟

アナスタシアはわずかに身震いして深く息を吸い込んだが、目覚めはしなかった。私は心の中で彼女に話しかけ続けた。

〝アナスタシア、きみに愛を告げたことはなかったね。でもきみが空から星を取ってほしいと言うのなら、俺は一番高い木に登ってでも、てっぺんの枝からその星に向かってジャンプするだろう。落っこちそうになっても、なんとか枝にしがみついて……もう一度てっぺんまで登り、星に向かってジャンプをする。

でもきみは、俺に星を取ってきてとは言わなかったね。きみが俺に言ったのは、本を書くことだった。そして俺は本を書くようになった。もちろん、いつもうまく書けているわけじゃない。ときには落ち込むこともある。でも俺はまだ最後まで書ききっていない。まだ最後の本まで完成していないんだ。きみが気に入ってくれるよう、頑張るよ〟

アナスタシアの両まつ毛が動いて、頬に軽く赤みがさすと、彼女は瞼を開いた。灰色がかった青い瞳が放つ優しい眼差し……いつも思うのだが、この瞳はなんというぬくもりを放つのだろう。これほど近くにいるとなおさらだ。何も言わずに私を見つめる彼女の瞳は潤んだように輝いていた。

「すてきな朝をお祝いするよ、アナスタシア！　こんなに長いこと眠っていたのははじめてじゃないのかい。いつもはきみが先に目を覚ましているのにね」

「ウラジーミル、あなたにも、すてきな朝と素晴らしい一日をお祝いするわ」。ほぼささやきに近いような静かな声でアナスタシアが答えた。「でも、もう少しだけ眠っていたかったわ」。

「まだ寝足りないのかい？」

「いいえ、本当によく眠ったわ。でも夢をみて……明け方のその夢がとても心地よかったの……」

「どんな夢だい？　何の夢？」

「あなたが私と話をしている夢。高い木と星の話、落ちてしまってもまた登ろうとする夢なの。木や星の話だったけれど、まるで愛のことを話しているようだった」

「夢には得てしてよくわからないことが現れるものさ。木と愛につながりはないだろう？」

「すべてはつながって、偉大な意味を帯びたりするものよ。言葉ではなく、気持ちが重要なの。今日という一日は、夜明けとともに驚くほど特別な気持ちを私にもたらした。ちょっと挨拶して、抱きしめてこなくちゃ」

「誰を？」

「私にこんなにも特別なプレゼントを捧げてくれた、素晴らしい一日を」

アナスタシアはゆっくりと起き上がると、ほら穴の入口から数歩離れたところで立ち止まった。そして彼女が毎朝行う、独特の体操をはじめた……。両腕を左右に伸ばし、数秒間空を見上げたかと思うと、突然その場でくるくる回りはじめた。それから駆け出して信じられないような宙返りをすると、またくるくると回りだした。ほら穴の入口で寝袋に横たわったままだった私は、アナスタシアの一心不乱な動きに見とれながら考えた。

〝驚いた！　もう若くはないのに、これほど素早くエネルギッシュで美しい動きができるなんて。まるで若い体操選手じゃないか。それにしても、彼女が寝ているあいだに俺が心の中で話しかけたことを、どうやって感じたんだろう？　さっきは言えなかったが、言った方がよかったのだろうか？〟

そして私は大声で言った。

「アナスタシア、きみはただ単に夢をみていたんじゃないんだ」

彼女は一瞬草地の真ん中で動きを止めると、くるり、くるりと宙返りをし、あっという間に私の隣に来た。そして草の上に座ると嬉々として問いかけてきた。

「ただ単に夢をみていたんじゃないって、どういうこと？　ねえ、早く教えて、詳しく知りたいの」

「それは、なんと言うか、俺もきみの夢と同じように木のことを考えていたんだ。星のことも」

「どこで？　ねえ、どこであんな言葉を見つけたの？　あれは……あの言葉は何から生まれたの？」

「気持ち、じゃないかな？」

そのとき突然、私たちの会話を遮るように、アナスタシアの祖父の叫び声が聞こえた。

「アナスタシア！　アナスタシア、聞こえるだろう、すぐに来てくれ！」

アナスタシアは飛び上がり、私も飛び起きた。

放射能に打ち勝つ

「ヴォロージャがまた何か変わったことでもしたの？」

私たちをめがけて走ってくる祖父に向かって、アナスタシアが尋ねた。祖父は、ちらりと私に目をやって「やあ、ウラジーミル」と短く挨拶すると、すぐに説明をはじめた。

「ヴォロージャは湖のほとりにいる。彼は湖に潜って、底から小石を取ってきたんだが、それを握りしめたままずっと立ち続けているんだ。その石でやけどをしているようなのに、放そうとしない。どんな助言をしたらよいのかわからないんだ」

すると祖父が私の方を向き、厳しい声で言った。

「君の息子は湖にいる。君は父親だろう、何を突っ立っているんだね？」

事態が把握できないまま、私は湖へと走った。祖父は私の隣を走りながら、説明を加えた。

「あれは放射能のある石なんだ。小さいけれど多量のエネルギーを持っている。そのエネルギーはおそらく放射線だろう」

「いったいどうしてそんなものがあの湖の底に？」

「ずっと前からあったんだよ。私の父もあの小石のことは知っていた。しかし、あの深さまで潜ることなんて、誰にもできなかったんだ」

「では、どうやってヴォロージャはそこまで潜れたんですか？」

「私が深く潜る訓練をさせたからだよ」

「何のために？」

「彼がしつこくせがむからさ。教えてくれ、教えてくれって、始終せがまれていたんだよ。君たちが忙しくて育児に手が回らないからって、ぜんぶこの老人に押し付けてくるもんだからね」

「でも、なぜあの子はそこにそんな小石があることを知っていたんですか？　いったい誰があの子に石のことを話したんですか？」

「私以外に誰がいるって言うんだい？　私だよ」

「なんでそんなことを⁉」

「あの子が知りたがったからさ。なぜ、湖が冬でも凍らないのかってね」

私たちが湖に到着すると、そこには岸辺に立つ息子の姿があった。彼の髪の毛やシャツは濡れていたが、すでに水が滴《したた》っていないところを見ると、もう長いことその場に立ち続けていることがわかった。

ヴォロージャは、握りしめた片手を前に伸ばして立ち、その拳《こぶし》を凝視していた。その手の中に、まさに今問題になっている湖の底にあった小石があることは明らかだった。私がわずか二歩、息子の方へ近づくと、彼は素早く顔を私に向けて言った。

「パパ、ぼくに近づかないで」

私が立ち止まると息子はさらに言った。

「パパの意識に、こんにちは。でもね、もう少し離れて。ひいおじいちゃんも一緒に地面に横になってもらった方がいいかもしれない……そしたらぼく、落ち着いて集中できるから」

祖父はすぐに地面に横たわった。なぜだかわからないまま、私も祖父の隣に横たわった。しばらくのあいだ、私たちは黙って湖岸に立つヴォロージャを見ていた。そのうち頭に極めて単純な考えが浮かんだ。私は言った。

「そうだ、ヴォロージャ。その石を遠くに投げ捨ててしまえばいいじゃないか」

「遠くってどこに?」。顔を向けることなく息子は尋ねた。

「草の中にだよ」

「草の中はだめだよ、たくさんの生き物が死んじゃう。ぼく、まだこの石を離しちゃいけないって感じるの」

「だからと言って、いつまでそうしているつもりだ。一日か、二日か？　もっと時間が経てば何か変わるのか？　一週間でも一カ月でもそうやって立ち続けるって言うのか？」

「今どうするのがいいか考えているの、パパ。だから、意識が解決策を見つけ出せるよう、話すのをやめよう。意識の邪魔をしないようにね」

私と祖父は黙って横になったままヴォロージャを見ていた。すると対岸から、この状況には似つかわしくないほど非常にゆっくりとした歩みで、アナスタシアが近づいてくるのが見えた。彼女はヴォロージャがいるところまであと五メートルの辺りまで来ると、まるで何事もなかったかのように岸辺に腰を下ろし、両足を水に浸けてしばらく座っていた。やがて息子の方を向くと、とても落ち着いた様子で問いかけた。

「ヴォロージャ、手がひりひりするんじゃない？」

「うんママ、ひりひりする」。ヴォロージャが答えた。

「どうして湖の底の石を取ってこようと思ったの？　これからどうしたいの？」

「この石からは放射線に似たエネルギーが出ているんだ。放射線のことはひいおじいちゃんから聞いたんだよ。でも、ぼくは知ってる。人間からもエネルギーは出ているんだって。それに人間のエネルギーは何よりも強くて、他のどんなエネルギーも人間のエネルギーには勝てないんだ。それでぼくは取ってきた石を握って、全力で石のエネルギーを抑えようとしているの。石から出てくるエネルギーを石の中に戻して、人間のエネルギーはどんな放射線よりも強いってことを証明したいんだ」

「では、あなたから放たれるエネルギーの方が強いことを、証明できそうなのね？」

「うんママ、証明できると思う。でもね、石がどんどん熱くなってきちゃって、ぼくの指や手のひらが火傷しはじめているんだ」

「どうして石を放さないの？」

「そうしちゃいけないって感じるから」

「どうしてそう感じるの？」

「ただ感じるんだ」

「どういうふうに？」

「石が……石が爆発しちゃうんだ、ママ。ぼくが指を緩めたらすぐに爆発する。大爆発しちゃう」

「そのとおり、爆発しちゃうわね。石の中に閉じ込められていたエネルギーが放たれてしまうわ。あなたは自分のエネルギーで、石のエネルギーの流れを石の内側へと押し戻した。意識を使って石の中に核をつくりだしてしまったの。だから今、石の中にはあなたと石のエネルギーが溜まっているのよ。でも、無限に溜め込むことはできない。エネルギーはすでに煮えたぎって熱くなっているから、石があなたの手をやけどさせているのよ」

「わかってる……だからぼくは指を緩めないんだ」

アナスタシアは極めて冷静だった。動きはゆったりとしたなめらかな様子で、話し方もリズミカルに間《ま》をとったものだった。だが私は、彼女がこの上なく集中し、おそらくかつてないほどの速さで意識を働かせていることを感じた。彼女は立ち上がり、いくぶんけだるそうに伸びをすると、落ち着いた声で言った。

「つまり、ヴォロージャ、小石を一気に手放すと爆発してしまうと、わかっているのね？」

「そうだよ、ママ」

「ということは、エネルギーをゆっくりと放出させなければならないということよね」

「どうやってやるの？」

「ほんの少しずつ放出させるのよ。まず最初に、親指と人差し指をほんの少し緩めて、石の一部が見えるようにする。その時、意識の中で、石の中に溜め込んだあなたのエネルギーが、光線になって上に向かって出ていくのをイメージするの。それから、その光線を追って、石のエネルギーが真上に飛んでいくように意識しながらイメージするの」

ヴォロージャは強く握った自分の拳に集中すると、親指と人差し指を少しずつ緩めていった。すると、天気がよい朝の太陽光の下であるにもかかわらず、小石から放出される光線が見えた。その光線に突っ込んでいった鳥がいて、瞬時に煙になった。そして光線が突き抜けた小さな雲は、まるで破裂したかのように、たちまち水蒸気になった。数分経つと、光線はほとんど見えなくなっていた。

「あら、私ったら長居しすぎちゃったわね。あなたたちがここで楽しんでいるあいだに、朝食でも用意してこようかしら」

アナスタシアはそう言うと、とてもゆっくりとした足取りで歩きだした。数歩進んだところで少しよろめいたが、湖面までたどり着くと、彼女は顔を洗った。おそらく、外見の落ち着きとは裏腹に、信じられないほどの緊張状態だったのだろう。彼女は息子を怖がらせないため、そして息子の邪魔をしないために、自身の緊張を隠していたのだ。

「ママはどうして、どうすればいいのかを知っていたの？」。離れていくアナスタシアに向かってヴォロージャが叫んだ。

「どうして？」。すでに地面から起き上がり、陽気さを取り戻した祖父が、ヴォロージャの口真似をしながら言った。「どうしてって？　ママは物理の成績が優秀だったんだぞ」。そう言うと声を上げて笑った。

アナスタシアは私たちの方を振り返ると同じように笑いだし、それから答えた。

「ヴォロージャ、私も知らなかったのよ。でも、どんなことが起きても、必ず解決策を見つけ出さなければならないの。そして、恐怖で意識を竦《すく》ませてはいけない」

光線が完全に見えなくなると、ヴォロージャはすべての指を開いた。彼の手のひらには、小さな細長い石が穏やかにのっていた。ヴォロージャはしばらくのあいだそれを見つめながら、独り言のようにつぶやいた。「おまえの内側にあったものも、人間にはかなわないんだよ」。息子は再び小石を握りしめ、シャツを着たまま助走をつけて湖に潜っていった。それから三分近く姿を現さなかったが、水から顔を出すと、すぐに岸まで泳いできた。

「空気を節約して長く潜る方法を教えたのは、私だよ」。祖父が言った。

ヴォロージャは岸に上がると軽くジャンプして水を落とし、私たちの方へ歩いてきた。私は我慢できずに言ってしまった。

「おまえは放射線がどんなものか、本当はわかってないんだな。わかっていたら、あの石を取りに潜ったりはしないはずだ。それとも、ここでは他にやることが見つからないって言うのか？」

「放射線のことはわかっているよ、パパ。ひいおじいちゃんが教えてくれたんだ。パパの住む世界の原子力発電所で起こった大事故や、いろんな核兵器、それに核廃棄物を保管するために起こった問題のことも」。ヴォロージャは答えた。

「わかっているんなら、なぜ湖の底にあったあの石をわざわざ取ってきたりしたんだ？　いったいどんな理由があるって言うんだ？」

「そのとおりだ、いったいどんな理由なんだ？」。祖父が会話に入ってきた。「まあ、ここはおまえさんが息子を教育するがいい。私は少し休ませてもらうよ。近頃のおまえさんの息子ときたら、あんまりにも多くのことを私に求めてくるもんだからね」。

祖父は遠ざかっていき、私と息子だけがそこにポツンと残った。

息子は濡れたシャツを着たまま私の前に立ちすくんでいた。みんなを心配させてしまったことで落ち込んでいる彼の姿を見て、私は厳しく叱る気が失せてしまった。何を話せばいいのかわからず、私もただ黙って立っていた。するとヴォロージャの方が先に話しはじめた。

「あのね、パパ、核廃棄物の保管にはものすごく大きな危険が潜んでいるって、ひいおじいちゃんが言ってたの。確率論では、たくさんの国やそこに住む人々に取り返しのつかない被害をもたらす可能性があるって。それに被害はたくさんの国だけじゃなくて、この惑星全体にもおよぶ可能性があるって」

「もちろん、その可能性はあるさ。しかしだからって、何であんなことをしたんだ？」

「みんなが解決済みの問題だと思っていても、まだそこに課題が残っているのなら、それは解決方法が間違っているってことなんだ」

「だから何だって言うんだ。それに、何が間違っているって言うんだ」

「ひいおじいちゃんがね、正しい解決策を見つけ出せるかどうかはぼく次第だって言ったの」

「それで？　見つけられたのか？」

「うん、パパ、今見つけたんだ！」

そう言う九歳の息子は、手を傷め、ずぶ濡れになりながらも、自信に満ちた姿で立っていた。そして落ち着いた口調で、核廃棄物の保管問題についての解決方法について、自分の意見を堂々と話した。まったくおかしなことだ。息子は学者ではないし、ましてや原子物理学など学んだことすらない。それどころか普通の学校にさえ行っていない。とてもおかしな話だ。タイガの湖の岸辺に立ち、ずぶ濡れになった子どもが核廃棄物の安全な保管方法について論じているのだ。私には核問題の効果的な解決策を聞き出すつもりなどみじんもなかったが、とりあえず会話を続けようと息子に尋ねた。

「それで、この解決不可能な問題について、おまえはどんな解決策を見つけたんだい？」

「いろんな方法があるけど、一番効果的なのは分散させることだと思うんだ」

「どういうことだ？　分散させるって、何を？」

「核廃棄物だよ、パパ」

「それはどういうことだ？」

「パパ、ぼくわかったの。量が少なければ放射線はそんなに危なくないんだ。植物や水、雲だって、放射線を少しずつ放射してるんだよ。でも、ひとつの場所に集中させて量が多くなると本当に危険になるんだ。人間は核廃棄物の保管場所に、放射性物質を一箇所に集中させ過ぎているって、ひいおじいちゃんも話していた」

「そんなことはみんなが知っていることだ。でも、放射性廃棄物は、特別に建てられた保管施設へ運び込まれ、テロリストから守るためにも念入りに警備されなければならないんだよ」

「そうだね、パパ。でも、やっぱり危険はあるよ。それに大事故は避けられないよ。だって、誰かの意識がわざと人々に間違った考えを押し付けているんだもの」

「息子よ、この問題はな、高い学識を持っている人たちが研究していることなんだよ。学者じゃないし科学も知らないおまえに、こんな重要な問題を解決することはできない。これは現代科学で解決されるべき問題なんだ」

「でもパパ、その結果はどう？　だって、まさに現代科学が導きだした解決策が、結局人類を大きな危険にさらしているんだよ。もちろん、ぼくは学校で勉強していないし、パパが言うような科学も知らないけど……」

　彼は黙り込んで、うつむいた。

「『けど』ってなんだい？　どうして黙り込むんだ、ヴォロージャ」

「パパ、ぼくね、パパが話しているような学校で勉強したくないし、パパが思っているような科学も研究したくないんだ」

「どうしてだい？」

「だって、パパ、その科学が大事故を引き起こすんだもの」

「だが、これ以外の科学なんて存在しないじゃないか」

「あるんだ。アナスタシアママが、『自分自身で現実を見極めなければならない』って言ってたの。ぼくはそれがどういうことかわかったんだ。だから勉強というか、見極めているの。まだうまく説明できないけれど……」

〝なんと、息子がこれほど強い信念をもっているとは〟。驚いた私は尋ねた。

「おまえの分析によると、大事故が起きる確率はどのくらいなんだ？」

「百パーセントだよ」

「なぜ、そう言い切れるんだい？」

「確率論と、押し付けられた破壊的な考えに対抗しているものが何もないという事実から考えると、大事故は避けられないよ。核廃棄物のために大きな保管場所をつくるのは、大きな爆弾をつくるのと同じなんだ」

「じゃあつまり、おまえの解決策はその破壊的な考えとやらに対抗できるって言うんだな?」

「うん、それに勝つ解決策の意識をさっき空間に放ったの」

「じゃあ、核廃棄物を安全に保管するという問題にたいして、おまえの意識は具体的にどんな解決策を出したんだい?」

「大きな保管施設に集中して集められているすべての核廃棄物を分散させなきゃならない。これがぼくの解決策だよ」

「分散させる……それは細かく何十万や何百万の小さな塊《かたまり》に分けるってことかい?」

「そうだよ、パパ」

「いとも簡単なことのように言うね。しかし、重要な問題が残っている。その小さな塊をどこに保管するかということだ」

「一族の土地だよ、パパ」

あまりにも思いがけず、そして信じがたいことを耳にした私は、しばらく言葉を失った。そのあと、叫びに近いような声で言った。

「馬鹿げてる、ヴォロージャ、まったくもってナンセンスだ!」

私は少し考えて落ち着きを取り戻すと、加えて言った。

「もちろん、核廃棄物を分散させていろんな場所に保管するのなら、世界規模の大惨事は回避できるだろう。しかし、一族の土地で暮らそうと決心した何百万もの家族が危険にさらされることになるじゃないか。誰だって、いい自然環境のもとで暮らしたいと願っているんだぞ」

「そうだね、パパ。すべての人々がいい環境で暮らしたいと思っているよね。でもそんな場所は、もう地球に残されていないんだ」

「このタイガも環境のいい場所ではないって言うのかい？」

「ここは比較的いい場所だよ。でも原初のような、理想的な場所じゃないんだ。理想的な場所は、もうどこにも残っていないの。例えば、雲はいろんなところからやって来るから、ここにも酸性雨を降らせることがある。ここの草木や茂みたちは、今はまだ耐えられている。でも汚れた土地は日に日にもっと汚れていくし、そういう場所は毎日増え続けているんだ。だからね、もう汚れたものから逃げるんじゃなくて、今すぐに踏み込んでいかなきゃいけないの。

『汚れのない原初のような土地を、自分の手で創造するの』ってママは言ってる。

核廃棄物の問題について選択肢はたくさんあるけれど、その中でぼくの意識はこの方法を選んだんだ。これが一番いいって。分散させて、生活に役立てられないかを工夫しながら管理して、小さな塊を一族の土地に保管する。これが一番安全だって、意識が言うんだ」

「でも、一族の土地のいったいどこに？　物置か？　金庫か？　それとも穴ぐらか？　おまえの意識とやらは、放射性物質が入った容器をどこに保管すればいいかを教えてくれたのか？」
「容器は、九メートル以上掘った地下に埋めなきゃいけない」
一度聞いただけでは信じがたい息子の提案について、私は考え込んでしまった。するとだんだんその考えに傾倒するようになっていった。この考えには確かに一理ある。少なくとも、息子が提案する核廃棄物の保管方法は、実際に、大規模な惨事が起こる可能性をかなりの確率で排除するものだ。個別の土地が汚染されることについても、回避は可能かもしれないし、そればかりか何か有益なことを引き出せるかもしれない。例えば、学者たちが小さな原子炉に似たものや、何か役に立つものを発明するかもしれないではないか。

突然、私の頭にもひとつの考えが浮かんだ。なんということか！　まさにこれだ！　核廃棄物を分散させて保管すべきであることを説明するための、もうひとつの理由がある。金だ！　どの国も核廃棄物の保管に莫大なお金を払っている。そのお金は保管施設を建設し、そこで働く人の人件費や施設の運営全般のために費やされる。そしてよくあることだが、そのお金の一部は、どこに使われているのかわからない。ならばそのお金を、放射性物質の入った容器を保管する各家庭などに払えばいいではないか。これはいい！　そうすれば放射性物質を分散できるし、家庭で保管するならみんな真剣に管理するだろうから、安全性も保証され、さらに人々にお金も入る。

現時点では、一カ所に集められた核廃棄物の安全を保障できる人は誰もいない。保管施設から遠く離れて暮らす人々ですら、安全など保障されていないのだ。実際、ウクライナでチェルノブイリ原子力発電所の事故が起こった時、ウクライナだけでなく、ロシアやベラルーシまで汚染された。放射性物質を含んだ雲は何百キロ、何千キロも遠くまで汚染を拡散してしまったのだ。

一方、息子の提案はまだコンセプトの段階で、詳細を詰めていく必要はあるが、いずれにしても、学者たち、各国の政府、そして何よりも社会にとって、最も注目に値する解決策だ。

考えを巡らせながら湖岸沿いを歩いていた私は、息子のことをすっかり忘れていた。一方息子は、同じ場所に立ったまま私の様子を見ていた。成長過程で学んだ考え方にもとづき、彼は私に話しかけないでいるのだ。深く考えを巡らせている人の意識を中断させてはいけないことを知っているからだ。

私は彼との会話を他のテーマに移そうと決めた。

「ヴォロージャ、おまえはいつもあらゆる問題について考えているんだね。ところで、おまえにはそれ以外に何かやることはないのかい？　何か仕事を任されているとか？」

「仕事……？　任される……？　ぼくはいつもしたいと思ったことをしているよ。仕事かぁ、パパは『仕事』という言葉をどういう意味で使っているの？」

「仕事っていうのは……何かをしたことにたいしてお金が支払われることだよ。もしくは、家族みんなの役に立つことだ。例えば、俺はおまえぐらいの年のときに、両親からウサギの世話を任され、世話をしていたんだ。草を刈ってきて餌にしたり、小屋の掃除もしたりした。ウサギは家族に収入をもたらしていたんだ」

ヴォロージャは私の言葉を最後まで聞いていたかと思うと、突然興奮気味に話した。

「パパ、ひとつあるよ。ぼくが自分に与えた任務があるんだ。とっても楽しい任務なんだよ。でも、それを仕事って呼んでもいいかどうかは、パパが判断してね」

「話してごらん」

「じゃあ行こう、見せたい場所があるんだ！」

『鴨がガーガー』の叡智《えいち》と、それを見失いつつある現代人

私と息子は湖から離れて歩き出した。ヴォロージャは、先ほどまでの集中していた様子から一変し、嬉々として、何かに駆り立てられるように前を歩いていた。息子は、時おりくるりと振り返ると、軽く飛び跳ねながら早口で話しはじめた。

「パパ、ぼくはウサギの世話はしていないけど、他の任務をしているんだよ。何て言えばいいのかな？　ぼくが産んだ……んじゃないな、創造した、かな？　でも、それもなんだかぴったりの言葉じゃない。そうだ、思い出した。パパの世界では、卵を孵《かえ》すって言うんだった。えっとね、ぼくは卵を孵したんだよ」

「卵を孵しただって？　どういうことだい？　卵を孵すのは雌鶏《めんどり》なんかがすることじゃないか」

「うん、知ってるよ。でもぼくは自分で卵を孵さなくちゃいけなかったんだ」

「なぜだい？　ちゃんと順序立てて話しておくれ」

「順序立ててだね、わかった。こういうことだよ……

ぼく、ひいおじいちゃんに、雁《がん》と野鴨《のがも》の卵をいくつか見つけてきてほしいってお願いしたんだ。ひいおじいちゃんは、はじめは少し嫌そうにしていたけど、三日後に大きな雁の卵を四つと、それよりちょっと小さい野鴨の卵を五つ持ってきてくれたの。

それからね、まず、ぼくは小さな穴を掘って、底に鹿のふんと草を敷いて、それを干し草で覆ったんだ。そして、その上にひいおじいちゃんが持ってきてくれた卵を全部置いたの」

「鹿のふんなんて、何のために要るんだい？」

「温めるためだよ。ひなが孵るには、卵を温めなきゃいけないでしょ。それに、上からも温めなきゃいけないんだ。だからぼくも時々寝そべって、お腹で穴を覆ってやってたんだ。それに、寒い日や雨の日には、熊を穴の上で寝させたの」

「熊は卵を押し潰してしまわなかったのか？」

「熊は大きいけれど、卵を入れた穴は小さいでしょ。だから、熊が穴の上に寝ても、穴の底にある卵は無事なんだ。ひなが殻を破って孵《かえ》るまでは、メス狼に卵を見張らせたり、ぼくがそばで眠ったりしていたんだよ。ひなが殻をつついて出てきたときは、本当に幸せな気持ちだった。でも、全部が孵ったわけじゃなくて、九個の卵のうち、孵ったのは雁が二羽と野鴨が三羽だった。

ぼくは自分で草の種や砕いたクルミや水をひなに与えるようにしたの。そしてそのときはいつも、ぼくたちの領域に住んでいるいろんな動物を呼んだんだ」

「何のために？」

「ぼくが世話をしているのを見せるためだよ。そうすれば、動物たちはひなを襲っちゃいけない、むしろ守らなければいけないんだって理解するから。ぼく、ひなたちが生まれた穴の横で寝るようにしていたんだ。冷え込んだ夜や雨が降ったときには、熊に横で寝させたんだ。ひなたちは熊の温かい毛皮に包まれて、心地よさそうだった。

そのあとはね、順番に話すと……ぼくは穴の周りに小さな棒杭を刺して、そこに木の枝で編み込んだ囲いをつくったの。そしてその上に枝で蓋《ふた》をしたんだ。野鴨と雁のひなは少し大きくなると、穴から這い出るようになった。ぼくが巣穴の周りを歩きながら『ピー、ピー、ピー』って口笛を吹くと、ひなたちはすぐに出てきて、ぼくに走って付いてくるんだよ。熊にも付いて行こうとしてたけど、やめさせたんだ。熊は遠くへ行ってしまうことがあるから、付いて行ったら死んじゃうかもしれないもの。

ひなたちは順調に大きくなって、羽根も生えて、飛ぶことも覚えたんだよ。飛び方を学べるよう、空に向けて勢いよく放してやったの。ひなたちは自分でいろんなところへ飛んでいくようになったけど、まだ巣穴に帰ってきてはいたんだ。

秋になると、大きくなったぼくの野鴨や雁たちは、南へ飛び立つ準備をする他の渡り鳥たちの群れに加わって、みんな暖かいところへ飛んでいった。でもぼくは、春になったら帰ってくるだろうって思ってた。ううん、ほとんど確信していたんだ。そしたら本当に帰ってきたんだよ。パパ、ああ、なんて素晴らしかったことか！　あの子たちが帰ってきたとき、『ガー、ガー、ガー』って嬉しそうに鳴く声が聞こえたんだ。ぼくは巣穴まで走っていって、『ピー、ピー、ピー』って口笛を吹いて、草の種や細かく砕いておいたクルミをあげたんだ。ぼくの手から食べてくれたんだよ。嬉しかったな。ここに暮らす動物たちも鳴き声を聞くと駆け付けてきて、よろこんでた。パパ見て、ここだよ。見て！」

二つのスグリの茂みのあいだに隠れるようにして、息子が編んだ囲いがあった。しかしそこには何もいなかった。

「鳥たちが戻ってきたって言っていたが、何もいないじゃないか」

「今はいないよ。どこかへ遊びに行ったか、餌を取りに行ってるんだ。でも、見てよ、パパ」

ヴォロージャはかぶせてあった枝を除け、巣かごを開いて見せた。するとそこには、三つの巣穴があった。そのうちのひとつには、あまり大きくない卵が五つ横たわっていた。おそらく野鴨のものだろう。そしてもうひとつの巣穴には、少し大きな雁の卵が一つ入っていた。

「なんと、帰ってきただけじゃなく卵も産んでいたのか……でも数が少ないな」

「そうなんだよ！」。感激したようにヴォロージャが声を上げた。「鳥たちは帰ってきて、卵を産んだんだ。今ある卵を巣穴から取り出して、メスにもっと餌をあげたら、もっと産むかもしれないよ」。

息子は幸せそうな表情をしていた。しかし私には、息子がこれほど歓喜に沸く理由が完全には理解できなかった。私は尋ねてみた。

「ヴォロージャ、何にそれほどよろこんでいるんだい？　ひいおじいちゃんもママもおまえも、卵は食べないじゃないか。つまりおまえの行為は、任務とか仕事とは呼べない。実益がないからな」

「そうなの？　でも、他の人たちは鳥の卵を食べるじゃない。ママも、動物たちが自ら人間に捧げるものはすべて、利用したり、食べたりしてもいいんだって言っているよ。特に、植物以外のものを食べるのに慣れている人たちはね」

「だが、他の人々の行為が、おまえの野鴨とどんな関係があるんだ？」

「あのね、ぼくね、一族の土地で暮らす人々が、生きていくためにたくさんの雑用をする必要がないように、いや、何もしなくてもいいようにしなきゃって思ったの。そうすれば、すべてのことを深く考える時間をつくれるでしょ。そしてそれは、ぼくたちの世界をつくった創造主が考えたことを識《し》れば、できることなの。ぼくね、創造主の意識を識るための科学が好きなんだ。それは何よりも偉大な科学だし、理解しなきゃいけないことなんだ。例えばね、どうして創造主は、秋に南へ渡った鳥たちをそのまま暖かい地域に残さずに、またもといた地域に帰ってくるようにしたんだろうって？　ぼくね、たくさん考えて仮説を立てたんだ。人間に冬のあいだ苦労させないためなんじゃないかって。鳥たちは、冬は自分たちで餌を見つけることができないから南へ飛んでいくんだ。でも人間の役に立ちたいから、そのまま南に残ったりせずに帰ってくるんだよ。創造主がそうなるように考えたんだ。人間は、創造主が考えてくれたたくさんのことを理解しなきゃならないんだ」

「つまりヴォロージャ、各一族の土地またはその大部分の土地に野鴨や雁が棲みつけば、彼らは自分たちで餌を取って卵を産み、秋には南に渡り、春になると帰ってくるという仮説を立てたんだな?」

「うん、そしてそれはできるんだよ! ぼくができたんだもの」

「おまえは、確かにできた。でもこんな事情もあるんだ……きっとがっかりさせてしまうだろうが、おまえには本当のことを話さなければならない。おまえの仮説がお笑い草にならないようにね」

「パパ、本当のことを教えて」

「経済学っていう学問がある。経済学者は、あらゆる商品……この場合は卵だが、これを合理的に生産するためにはどうすればよいかを検討するんだ。例えば俺の暮らす世界にはたくさんの養鶏場があり、非常に多くの雌鶏が一ケ所で飼育されているんだ。そして養鶏場は卵を産ませ、それを店に売ることで、人々が何の苦労もなく、必要なだけ卵をお店で買えるようにしている。この方法では、ひとつの卵のためにかかる労働コストと時間が、できるだけ少なくなるようになっているんだ」

「労働コストと時間って何のこと、パパ？」

「ひとつの卵を生産するために必要な物や人、時間のことだよ。どうすればもっと効率的に、つまりより上手に生産できるか、慎重に計算しなきゃならない」

「わかったよ、ぼく、計算してみるね、パパ」

「ちゃんと計算すれば、おまえにもわかるはずだ。でも計算するためには、費用についての情報が必要だ。経済学者の誰かに情報をもらえないか、かけあってあげよう」

「でも、ぼく、今すぐ計算できるよ」

ヴォロージャはわずかに険しい表情になって集中し、そのまま一分ほど経ってからこう言った。

「無限、マイナス二だよ」

「それはいったい何の数式だ？　どういう意味だ？」

「だって創造主の経済の効率は無限の数列で表すことができるし、現代科学による経済の効率は、ゼロ地点から二つ低いところにあるでしょ」

「おまえの計算方法は、なんだか奇妙でよくわからないな。どうやって計算したのか説明してくれ」

「計算の基点を、この場合はゼロとして考えたんだ。そうすると、養鶏場の建設や飼育、お店への配送に関係するすべての費用は、マイナス一という数で表すことができるでしょ」

「どうしてマイナス一なんだ？　費用はルーブルやコペイカで表すものだろう」

「だってお金の単位はいつだって変化していて、一時的なものに過ぎないでしょ。だからこの計算では単位はあまり重要じゃないんだ。ここでは、すべての費用を合わせて『マイナス一』として考えたの。つまり、費用の存在は〇《ゼロ》マイナス一で表すことができるんだ」

「ではもうひとつのマイナス一はどこからきたんだい？」

「それは卵の質だよ。養鶏場の卵は質がよくないんだ。不自然な環境で飼育されていて、餌の種類も限られているから、卵の質が落ちてしまうの。だからもうひとつの数字、マイナス一が出てくる。全部合わせるとマイナス二になるでしょ」

「わかった、いいだろう。しかし、おまえの方法だって、膨大な時間が費やされるじゃないか。ほら、ヴォロージャ、答えてみなさい。さっき、おまえは卵を孵《かえ》し、鴨や雁のひなに餌をやり、外敵からも守っていたと話していたが、それにいったいどのくらいの時間を費やしたんだ？」

「昼と夜を九十回」

「つまり九十日だな。だとすると、まる一年費やしても、得られる卵はたった数十個だ。一族の土地に暮らす人々からしたら、市場で直接ひな鳥を手に入れるか、卵を買って人工ふ化器で冬のあいだに卵を孵すかして、ひなたちが四、五カ月後に卵を産むようにする方が何倍も合理的じゃないか。三年目には産卵能力が落ちるから、例にならって二年目の冬がくる前に鳥たちを屠殺《とさつ》するんだ。そして新しいひなを飼う。これが経済的な方法っていうものさ」

「それは永遠に世話をし続けなきゃいけない方法だね、パパ。鶏たちに毎日餌をやって、冬のあいだにやる餌も準備して、さらに一年後には新しいひなまで孵さなくちゃならないんだから」

「まあそうだな。餌をやって新しくひなを孵すんだ。でも、現代の技術があれば、おまえの方法ほど手間のかかるものじゃあないぞ」

「でもね、永遠のプログラムが作動するために必要な時間はたった九十日なんだよ。鳥たちが次にここへ帰ってくるときには、今度はもう自分でひなを孵して、人間とのかかわり方や生まれた場所へ帰ってくることを教えるようになっているの。そしてそれを、世代を超えて何千年も続けていくんだ。つまり、このプログラムを作動させる人は、永遠に続くプログラムを自分の子孫たちにプレゼントすることになるの。それは子孫たちのために、創造主の経済の小さな一かけらを取り戻してあげることになるんだ。九十日間かかっていた手間も、百年後には卵一個あたり数分間の計算になるし、年を追うごとにさらに少なくなっていくんだよ」

「それでもやっぱりはじめに手間はかかっているじゃないか。おまえはそれを計算に入れていない」

「それは、その手間や費用に見合うだけの大きな力があるからなの。その力には、鳥たちが生み出す卵に劣らないくらい重要な意味があるんだよ」

「どんな力のことだい？」

「春になると、鳥たちは遠い国から生まれ故郷の森にある巣に帰ってくる。それは人間をよろこばせることなんだ！　この善なるよろこびのエネルギーは、人間の体からたくさんの病気を追い出しちゃうんだ。それだけじゃない、ただ南からここまで飛んでくる場合と比べて、鳥たちが歓喜の歌声で挨拶しながら、彼らの故郷に暮らす人を目指して帰ってくる場合には、九十倍もエネルギーが強くなるんだよ。鳥たちの歌声は人間だけじゃなく、空間全体によろこびと力を与えるんだ」

ヴォロージャは意気高らかに、そして自信に満ちた様子で話していた。これ以上彼と議論するのは愚かに思えた。私は深く考え込んでいるふりをした。私は、自分が息子にアドバイスをしたり、教えてやれることが何もないのを、少しいまいましく思った。

それにしても、息子が受けているこの教育というか教えは、なんと独特なのだろう。目の前にいる我が息子は、まるで他の惑星か他の文明から来た子どものようだ。

彼の暮らしや生についての認識は、私のものとはだいぶ異なるし、哲学や思考の速さも異なる。計算問題にも一瞬で答えを出してしまう。しかも、もうよくわかったが、私がコンピュータを駆使し一年かけて導きだす答えよりも、彼の計算の方がより正確なのだ。息子にかかればすべての常識がひっくり返るようだ。いや、「私たちは、人間としての生き方や生の認識と意味付けをどれほど歪めてしまったのだろうか？」と考える方が正しいのかもしれない。そしてこの歪んだ認識のせいで、大災害が起こっているのだ。

こういったことのすべては疑う余地のないことだ。でもやはり私は……息子の役に立ちたいのだ。しかし、何の役に立つことができる？　もはや何の望みも見いだせないまま、私は静かな声でぶっきらぼうに尋ねた。

「おまえが話した経済について考えてみることにするよ。ひょっとすると、おまえの言うことが正しいのかもしれないしな……そうだ息子よ、教えてくれ。おまえはここでいろんな問題を解決したり遊んだりしているね。今、何か抱えている問題はないのかい？」

ヴォロージャは深く、そしてなにやらとても悲しげな様子でため息をつくと、少しの沈黙のあと、口を開いた。

「うん、パパ、ぼくにはとても大きな問題があるんだ。そして、それを解決できるのはパパだけなんだ」

ヴォロージャは悲しげだったが、助けが必要だと聞いた私は、反対に嬉しさで舞い上がってしまった。

「それで、どんな問題なんだ？　おまえにとっての大きな問題というのは」

大きな問題

「パパがこの前来てくれた時に、ぼくは大きくなったらパパが暮らす世界に出ていくつもりだって話したのを覚えてる？」

「ああ、覚えているよ。おまえは俺たちの世界に出てきて、自分の女の子大宇宙を見つけて幸せにすると話していた。彼女と一緒に一族の土地をつくって子どもを育てるってね。よく覚えているよ。それがどうしたんだ、諦めたのかい？」

「諦めてないよ。それにぼくは将来のこと、女の子のこと、一族の土地のことをしょっちゅう考えているんだ。その子と一緒に暮らしている様子を細かくイメージしてるの。それに、ぼくとその子が一緒に創造し具現化した夢を、パパとママがぼくたちの土地まで見に来てくれる様子もイメージしているよ」

「じゃあ何が問題なんだい？　その女の子を見つけられないかもしれないってことかい？」

「そうじゃないよ。女の子は自分で探して見つけるよ。ねえ、もうひとつの草地を見せたいから、そっちに行こう。その方が、パパが自分で感じられるから、何が問題なのかよくわかるよ」

息子と私は、アナスタシアの草地のすぐ隣にある小さな草地へとやってきた。草地の真ん中で立ち止まると、ヴォロージャは私に座るように促し、自分の両手を口に当てがい大きく長い声で叫んだ。

「アーアーアー」

息子ははじめにとある方向に向かって叫んだかと思うと、方向を変えてもう一度、また方向を変えてもう一度叫んだ。すると、二、三分後、草地を取り囲むように立つ木々の梢《こずえ》がざわめきはじめた。リスたちが枝から枝へと一目散に飛び移っているのだ。何匹ものリスが一本のシベリア杉に集まった。枝の上から私たちを見ているリスたちもいたが、枝から枝へと飛び跳ね続けている気ぜわしいリスもいた。

それからさらに数分経つと、今度は茂みの中から三頭の狼が走り出てきて草地の端に座り、先ほどのリスと同じように私たちの方をじっと見つめた。

次に狼から三メートルほど離れたところにクロテンが現れ、横たわった。ヤギも二頭現れたが、座らずに草地の端に立ったままで私たちをじっと見ていた。間もなくすると、鹿もやってきた。そして最後には、音を立てながら茂みをかき分け、巨大な熊が現れた。熊もすぐに草地の端に座ったが、呼吸はまだ荒く、口からはよだれが垂れていた。おそらく遠いところから長い距離を走ってきたのだろう。

ヴォロージャはずっと私の背中越しに立ち、両手を私の両肩にのせていたが、数歩離れて何かの草を少し摘むと、戻ってきて言った。

「パパ、口を開けて。草を少しあげるね。動物たちにとってパパは知らない人間だけど、ぼくが手で食べ物を与えるのを見せれば心配しなくなるから」

私はヴォロージャが摘んできた草を口で受け取り、咀嚼《そしゃく》した。

ヴォロージャは私の隣にしゃがみ、私の胸に頭を持たせかけて言った。

「パパ、ぼくの頭をなでて。そうすれば動物たちはもっと安心するから」

私はよろこんで息子の亜麻色の髪をなでた。それから息子は私の横に座り直すと、話をはじめた。

「パパ、ぼくわかったの。創造主は世界のすべてを、人間のためのゆりかごとして創造したんだって。植物、空気、水、雲……すべてが人間のためなんだ。獣《けもの》たちも大きなよろこびとともに人間に仕える準備ができているの。でも人間はそれを忘れてしまっているから、植物たちがどんな役割を果たすことに適しているのか、獣たちの才能や使命が何なのかを、ぼくたちは今、理解し直さなきゃいけないんだ。今でもたくさんの人が知っているように、犬は住居を守ったり、なくした物を探したり、見張りをする。猫は貯蔵している食べ物をかじるネズミを捕まえるし、馬は荷物を運ぶ。同じように、他の動物たちにも何かの役割があるんだ。それを理解しなきゃいけないの。ぼくはここにいる動物たちみんなの役割を探しはじめた。動物たちは今、ぼくの指示を座って待っているんだ。ぼくが動物たちの役割を決めて仕事を教えるようになってから、もう二年が過ぎたんだ。ほら、例えば、熊は手足が大きくて力持ちでしょ。熊は貯蔵庫のための穴を掘って、そこに食べ物を保管し、あとで掘り出すことができるし、木の洞《ほら》から蜂蜜を取ってくることもできるんだ」

「ああ、知っているよ、ヴォロージャ。以前アナスタシアが、昔の人間は熊を生活のための労働力として見なしていたって、話してくれたからな」

「ママはぼくにもその話をしてくれたよ。でも見て、ぼくが熊に教えたのはね……」

そう言うと、ヴォロージャは立ち上がって右手を熊の方へと伸ばした。すると、熊は呼吸を止めたかのようにピンと張り詰め、意識を研ぎ澄ませた。そしてヴォロージャが自分の脚を叩くと、巨大な熊は数歩の跳躍《ちょうやく》でまっしぐらに息子のもとへ向かい、彼の足元に横たわった。ヴォロージャは横たわった熊の大きな頭の横にしゃがみ、ポンポンと軽く叩いたり耳のうしろをなでてやったりした。熊はよろこび、唸り声を上げていた。ヴォロージャが立ち上がると、熊も素早く飛び起き、ヴォロージャの動きに注目した。

ヴォロージャは草地の端で乾いた木の枝を見つけると、私が座っていた場所から十メートルほど離れた地面にそれを突き刺し、再び草地の端まで戻った。そして高さ一メートルほどの小さなシベリア杉に触れて、二回手を叩いた。すると、息子が私の隣に戻ってきたとたん、熊は素早く杉まで走り寄り、匂いを嗅ぎはじめた。

私は草の上の特等席から信じられないような光景を目にしていた。

しばらく経つと、熊はまるで何かに狙いをつけるかのようにそこから離れ、ヴォロージャが突き刺した乾いた枝のところまで走っていった。そして突然、前足で土をかき出しはじめた。熊は鋭い爪のある力強い前足を動かし、数分後には直径八十センチメートル、深さ五十センチメートルほどの穴を掘り上げると、穴の中を点検しはじめた。匂いを嗅ぐためなのだろうか、穴に頭を突っ込んだりもしていた。

それから熊は、ヴォロージャが合図した杉まで駆け戻り、今度は杉の周りを掘りはじめた。そして塹壕《ざんごう》に似た形の溝ができると、後ろ足でしゃがみ込んで前足を溝の中に差し込み、大きな土の塊とともに杉を引き抜いた。熊は杉を抱えたまま立ち上がると、はじめに掘っておいた穴まで後ろ足だけで歩いていった。穴までたどり着くと、慎重な様子でしゃがみ込み、土の塊が付いた杉の木を穴へと置いた。しかし、穴は必要な大きさよりも十五センチメートルほど大きかったようだ。熊は少し離れて自分の仕事の出来映えを眺めていたが、先ほど置いた杉をもう一度外へ出し、穴へ土を少し戻してから、再び杉を置き直した。今回はよい大きさだ。熊は少し離れて、再度自分の仕事を確認した。今度は出来映えに満足したようだ。置き直した杉のもとへ行くと、土の塊が付いた杉と掘った穴のあいだの溝に土をかき集めて入れ、足で叩いて踏み固めた。

この様子を観察するのはかなり興味深かった。私は以前にも、リスたちがアナスタシアのために干しキノコや木の実を運んでくる様子や、狼が彼女と遊んだり、野犬から守ったりする姿を見たことがあった。

同様に、サーカスに行けば、様々な動物によるあらゆる曲芸を目にすることができる。私が飼っている犬のケドラですら、たくさんの指示をよろこんでやってみせるのだ。

タイガの草地で繰り広げられていた行為も、高いフェンスに仕切られたサーカス場ではなく、自然環境の中だという点を除いて違いはない。出演者が狭い檻の中で暮らすサーカスの猛獣ではなく、自由な、野生のタイガの住民と我われが呼ぶ獣であるだけだ。彼らは野生の獣かもしれないが、私の息子にとってはごく普通の友達であり、助手でもあるのだ。まるで我われとペットのような関係なのだ。

しかし、やはり秘密めいていて信じがたい点もあった。

通常、ペットが飼い主に献身的である理由は、飼い主から餌や水を与えられ、住処も提供されるためであると説明がつく。これは猛獣が出るサーカスショーを見たことがある人ならば、きっと目にしているはずだ。調教師は、ライオンやトラが一つひとつの芸を首尾よくこなすと、ベルトにぶら下げた袋やポケットからご褒美のおやつを取り出し、猛獣たちに与えているのだ。

檻の中で一生を過ごすサーカスの動物たちは、自分で食べ物を探しに行くことができない。つまり、彼らは完全に人間に依存しているのだ。一方、このタイガの獣たちは完全に自由であり、自分で食べ物や寝床を見つけることができる。それなのに、彼らはわざわざ人間のもとへとやって来るのだ。しかもただ来るだけではない。人間による招集の合図を聞きつけて一目散に駆け付け、指示を遂行しているのだ。しかもそれを切望し、媚《こ》びてさえいる。いったいなぜだろう？彼らはいったいどんな対価を得るために指示を遂行しているのだろう？ヴォロージャは熊に餌などまったく与えていなかった。それでも熊は、大好物のおやつをもらったサーカスの動物たちよりずっと鮮明によろこびを表現していたのだ。

ヴォロージャの指示で木を植えた熊は、そわそわと足を踏みかえながら一心に彼を見つめていたが、その様子はまるでもう一度同じ仕事をやりたい、またはもっと他の仕事もしたいと望んでいるかのようだった。巨大なタイガの熊が人間のために、ましてや子どものために、もっと何かをしたいと望むなど、とても奇妙である。

ヴォロージャは熊に新たな課題を与えなかったが、ジェスチャーで自分のそばへ来るように呼ぶと、顔の毛を両手で優しくつかんでからポンポンと叩き、顔をなでて言った。

「ヤギと違って、おまえはよくやったね」

熊は満足してゴロゴロと唸っていたが、その声は恐ろしい猛獣がまるで悦楽の絶頂にでもいるかのようだった。

アナスタシアは「人間は、目に見えない至福のエネルギーを放つことができる。地球上のすべての生き物は、空気や太陽や水と同じようにその至福のエネルギーを必要としている。そして太陽の光さえも、人間から放たれる偉大なエネルギーの反射に過ぎない」と話していた。

科学は数多くのエネルギーを発見したばかりか、自力で電力を生み出すことも、原子核を分裂させて爆弾をつくることもできるようになった。しかし、もっと意義深く重要である、人間から放たれるエネルギーの研究については、どのように、そしてどれほど進んでいるのだろうか？

そもそも、人間から放たれるエネルギーや、その不思議な力を研究する学問があるのだろうか？

人間の能力のすべてと、私たちの世界および大宇宙における人間の使命を研究する学問が⁉

もしかすると、人間が自身を識ることを、誰かがあらゆる手段を使って邪魔しようとしているのかもしれない。

人間の使命が、何年もカジノに通い続けたり、バーでウォッカを飲み続けたりすることであるわけがない。店のレジで立ち続けることや、会社の部長になることでもないはずだ。さらに言うなら、スーパーモデルや大統領、有名な歌手という職業でさえ、人を最も重要な使命へと駆り立てることはないのだ。

それなのに、まさにそういった人たちや現代的な職業、お金儲けといった、ありとあらゆる〝取るに足らない〟ことが、さも人間にとって重要であるかのように、得体のしれない「何か」が我われにあらゆる方法で見せつけるのだ。現に、大部分の映画やテレビで、そういった人たちばかりが取り上げられている。肝心な、存在の本質については、深く考察されることはない。こうして、人間は〝うすのろ〟にされているのだ。

あちこちで戦争が起こっているのはそのせいではないだろうか？　地球がどんどん汚れていくのも、人々が人生の意味を見いだせず途方に暮れ、ウォッカをあおったり、麻薬に手を染めたりしているのも、そのせいではないだろうか？

では、地球に起こっているこの乱痴気騒ぎを止めることができるのは、何だ？　科学だろうか？　しかし科学は押し黙ったままだ。宗教だろうか？　なら、いったいどの宗教だ？　成果は上がっているのか？　まさに一人ひとりが、これらすべてのことを深く考えることが不可欠なのだ。各々が自分で深く考えるのだ！　そのためには、実際に頭を使わないといけない。しかし、いつ、どこで考えるのか？　我われの生活はこれほどにも、煩雑なことばかりでいっぱいになっているというのに。

人間が存在する意味について考察しようとすると、即座にあらゆるものに邪魔をされる。しかし一方で、淫らな半裸の写真が載った雑誌を売ることは、いとも簡単にできてしまう。異常な性的倒錯の細かい描写だって、阻止されることはない。売春行為について書いたり話したりしても、何の邪魔も入らない。

そして、人間の生の意味や使命という話題にはどんどん触れられなくなってしまっている。この話題は、ますます禁じられたものになっているのだ。

しばらく考えに耽っていた私は、考えを中断して息子を見やった。彼は私の隣に座り、そっと私を観察していた。おそらくまだ何か見せたいものがあるのだろうと思い、私は尋ねた。

「熊にヤギのことを話していたが、どういうことだい、ヴォロージャ?」

「パパ、ぼくね、どうしてもヤギたちに役割を決めてあげられないの」

「決めてやる必要なんてないだろう?　ヤギの役割はな、人間にミルクを与えることだ。わかりきったことじゃないか」

「うん、そうだね。でも、もしかしたら、他にも何か教えられるんじゃないかな?」

「他にもだって?　何のために?」

「ぼく、ヤギたちを観察していたんだ。ヤギは木や切り株の皮をかじるし、低木の枝も食べるんだよ。一族の土地にヤギたちを放したら、植えてある植物を害してしまうかもしれない。だからそうならないように、ぼくはヤギたちに緑の垣根を剪定《せんてい》することを教えようとしてるの」

「剪定？」

「うん、パパ。剪定させるの。だって、人々は木々を美しく見せるために低木を同じ高さに揃えたり、何かの形に刈り込むんでしょ。パパの住む世界では、それを景観デザインって呼ぶんだって、ひいおじいちゃんが教えてくれたんだ。でもヤギたちは、ぼくがやってほしいことをどうしてもわかってくれないの」

「どうやって教えているんだい？」

「今やってみせるね」

ヴォロージャはイラクサの繊維で編んだ三メートルほどのロープをとると、一方の端を小さな木に結び付け、もう一方の端を低木の茂みの上に伸ばした。それからジェスチャーで二頭のヤギを呼んで一頭ずつなでてやると、低木の茂みに手で触れながら、自ら小枝を食いちぎって見せた。ヴォロージャがヤギたちに何かを話すと、二頭は熱心に低木の枝をかじりはじめた。ヤギたちがロープで仕切られた高さまでかじったところで、ヴォロージャは数回ロープを引っ張り、不満を表すような音を発した。そのたびにヤギたちはしばし食べるのをやめ、顔を上げて問いかけるような表情で息子を見るが、しばらくするとロープのことなど気にかけず、再び枝を食べはじめるのだった。

「ほらね、パパ。うまくいかないんだ。ヤギたちにはロープに沿って同じ高さで剪定しなきゃいけないってことがわからないいんだ」

「そのようだな。おまえの問題っていうのは、このことなのかい？」

「ううん、一番の問題は他のことなんだ」

「どんなことだい？」

「パパ、ぼくが呼ぶと、いろんな動物たちがよろこんで駆け付けることに気が付いた？」

「ああ、気づいたよ」

「ぼくはこの動物たちを一年以上調教しているんだ。この子たちは、ぼくとの会話だけには慣れているんだ。ぼくと話したり、ぼくにかわいがられることを待ち望んでいるんだよ。だから、ぼくがパパ、パパの住む世界に行ってしまうと、この動物たちは寂しがるの。人間がもう会いに来たり、呼んだり、お手伝いをお願いしたりしなくなるから。ぼく、感じたんだ……この動物たちは、人間と触れ合ったり、仕えたりすることが生き甲斐になったんだって」

「だったら、動物たちはアナスタシアと話せばいいじゃないか」

「ママには、仲良くしている動物たちのグループがあるの。それに、ママは忙しいから、全部の動物にかかわる時間がないんだ」

「この動物たちはね……」、ヴォロージャは、依然として草地の周りに座っている動物たちを指さして言った。「ぼくが自分で選んで、一人で何年も調教してきたんだ。ほんの三カ月くらい前になってようやく、ひいおじいちゃんに頼んで動物たちを教えるときに一緒にいてもらえるようになったんだ。ひいおじいちゃんは文句を言ってたけど、いつも一緒にいてくれた。でも、この前ひいおじいちゃんが言ったの。ぼくの代わりにはなれないって」。

「なぜだい？」

「ひいおじいちゃんは、『わしは、動物の調教におまえほど興味がないからね』って言ってた。それにひいおじいちゃんは、それぞれの動物たちとこんなにたくさんかかわるべきじゃなかったって、ぶつぶつ言い出したんだ。かわいがることも、たくさんしちゃだめなんだって。それに、この中でぼくよりも年上の動物たちは、ぼくの小さい頃を見ていて、ぼくの子守りをしていたから、ぼくのことをリーダーとしてだけじゃなく、自分の子どもだと思っているんだ。とにかく、ぼくは何かを間違えてしまったみたいなの。だからそれを修正しなくちゃいけないんだけど、もうぼくひとりでは無理なんだ」

動物たちは依然として草地に座っていた。あらゆることから察するに、動物たちはヴォロージャから指示や課題が発せられるのを期待しているのだ。彼らがどれほど寂しがるのだろうかと想像してみた。そして、それが私の愛犬ケドラだったら、私の数日から一週間ほどの留守を、どれほど寂しがるのかも想像してみた。犬小屋は暖かくしてあるし、つないではいないので、原っぱや森、村を散歩することだってできる。それに隣人が粥や骨を与えたりして、毎日餌をやってくれている。それでも毎度その隣人はこう言うのだ。「あなたがいないあいだ、ケドラは寂しがっていましたよ。しょっちゅう木戸の前であなたが帰ってくる道を眺めていて、時々クンクン鳴くんです」。事実、私が帰宅すると、ケドラは一目散に駆け寄り、私の脚にすり付き、時には感極まって私の顔を舐めようと、飛び跳ねながら前足で私の服を汚すのだ。もう少し感情を抑えるようにしつけようとしているが、どうにも言うことを聞かない。

それにしてもこの草地に座っている動物たちときたら……私たちが話をしているあいだ、静かに落ち着いた様子で、ずっとこちらを見つめている。彼らは、いったい何を望んでいるのだろう？　誰も、じっと座って指示を待つことなど強いていないのに……。なんということだろう……！　ある考えがぱっと閃き、心を締めつけた。タイガの草地にいるこの動物たちだけではないのだ……地上のすべての動物は、自分の使命を持ち、この惑星の、より高次の存在である人間とのかかわりを待っているのだ。動物たちは、人間の崇高な使命の遂行を助けるために創造されたのだ。動物たちだけではない。創造主は、この惑星の生きとし生けるものすべてを、人間の偉大なる使命の遂行を助ける存在として創造したのだ……それなのに人間は……。

タイガの草地に座っている動物たちを見て、私は息子に本当に深刻な問題が持ち上がっていることを理解しはじめていた。息子はこの動物たちを簡単に放り出してしまうことも、一族の土地をともに築く女の子についての夢も、諦めることができないのだ。

「そうだな、ヴォロージャ、本当にこれは大きな問題だ。そして解決できるものではなさそうだ。解決策は見つからないぞ」

「パパ、ひとつだけ方法があるんだ。でもそれは、ぼくにはできないことなの」

「誰ならできるんだい？」

「この問題を解決できるのは、パパだけなんだ」

「俺が？　どうやって？　この問題に関して俺ができることは何もないよ」

方法はある

「パパ、ぼくね、パパならぼくを助けることができると思うの。もしパパがそうしたければ、なんだけど……」。ヴォロージャは小さな声で言った。

「そうなのかい？　だが、何をすればいいのか俺にはわからないんだよ。おまえがそう思っていても、俺にはわからない」

息子は草の上に座る私の前に立つと、どこか懇願するような眼差しで私の目を見つめ、音を立てずに何かをささやきはじめた。唇の動きから判断するに、息子はとても小さな声で何かの単語を発しているようだ。その後、彼は目をそらすことなく、はっきりと声に出して言った。

「妹、ぼくは妹がほしいんだ。パパ、どうかお願い。パパとママに、ぼくの妹を産んでほしいの。ぼくが子守りをして、育てるから。動物たちも助けてくれる。ぼくたちはパパやママの仕事を邪魔したりしない。妹が少し大きくなったら、ぼくがそう教える。ぼくがちゃんとぜんぶ話して聞かせるから。そして妹がぼくの空間に残って、動物たちと一緒にいるんだ。だからママと二人で、ぼくのために妹を産んで、パパ。もちろん、パパが病気だとか、疲れたりしていなくて、できるなら、でいいんだけど。ひいおじいちゃんが教えてくれたんだ、生き方や、汚れた空気、ひどい水のせいで、パパの住む世界ではよく男の人が病気になってしまうし、早く老いてしまうんだって。パパはまだ五十歳をちょっと過ぎたところでしょ。でも、もしパパが疲れきっているのなら、そしてあまり体力が残っていないのなら、三日間だけ時間をちょうだい。たった三日でいいんだ。パパに体力が戻ってくるように、ぼくが全部準備するから」

息子が興奮していたので、私は遮るように言った。

「待ちなさい、ヴォロージャ、落ち着くんだ。もちろん、俺は少し疲れてはいる。しかしまだ体力はあるはずだ。問題はそこじゃない。おまえに妹ができることを反対する気はさらさらない。だが、子どもを産むためには、親が二人ともそれを望んでいることが不可欠なんだぞ」

「パパ、ぼくは確信してるんだ。ママはパパの子どもを産むことを拒んだりしないよ。パパが賛成してくれるなら、時間を無駄にしないために、今すぐ妹が生まれるための準備をしよう。ぼく、研究したんだよ。ほとんどはひいおじいちゃんが手伝ってくれたんだけどね。ぼく、いろいろ計算して全部準備したんだよ。だからパパ、三日三晩ぼくと一緒にいて、どこにも行かないで。ぼくがパパにエネルギーと体力をつけるんだ」

「どうして俺にエネルギーや体力が足りないだなんて思うんだ?」

「十分あるのはわかっているよ。でもたくさんあったら、もっといいでしょ」

「わかったよ、三日間ずっとおまえとだけ一緒にいよう。でもママにも言っておかなくちゃならないよ」

「ママにはぼくが説明しておくよ。ぼくとパパの二人でしなきゃいけない用事があるって。ママは細かいことを訊かないし、反対もしないと思う」

「まあいいだろう、じゃあはじめようじゃないか」

息子がどんなことを準備したのか、それにいったいどんなことが、たった三日間で人に活力やエネルギーを取り戻させるのか、私は興味深くなっていた。そしてあらかじめ言っておくが、息子が用意した方法はいくぶん奇妙に映るだろう。しかし三日後の感覚は、なんとも筆舌に尽くしがたいものだった。十歳、または二十歳若返るというのとも少し違う気がする。外見では、ほんの五歳程度若返って見えるだけだ。しかし身体の内側では……身体の中はまったく違ったふうに働きだしたようだった。新たな力が湧き、私には周囲を取り巻く世界が少し違ったものに映った。

一つ目の療法

ヴォロージャが考えたという療法をやってみることに私が同意するや否や、息子は動物たちに〝解散〟の合図を送った。そして息子は私の手をつかむと、引っ張って湖まで走って行った。ヴォロージャは道すがら、何度か立ち止まっては草を摘み、それらを揉《も》んでひとつに丸めた。草の玉が完成すると、食べるようにと促してきたので、私はそれを口に入れた。すると、数分後には激しく鼻水が出て、嘔吐《おうと》がはじまった。それも胃液が全部出てしまうかのような激しい嘔吐だ。私は会話できる状態ではなかったが、ヴォロージャは説明をはじめた。

「パパ、これはいいことなんだよ。だから怖がらないでね。これでいいんだ。パパの身体の中か

ら悪いものを全部出しちゃうの。そしたらきれいさっぱりな身体になるから。食中毒のときにも、同じようにするでしょ」

私は言葉を返せる状態ではなかったが、心の中でこう考えていた。〝確かに、食中毒のときには吐き気や嘔吐を促す錠剤を飲んだり、例えばひまし油のような、腹を下させるものを摂る。だが、なぜ私にそんなことを？　食中毒になどなっていないのに〟。

まるで私の疑問が聞こえたかのように、ヴォロージャが答えた。

「パパはね、もちろん食中毒にはなっていないけど、パパが普段口にしているのは、ぎりぎり食中毒を起こさないくらいの食べ物なんだ。だから悪いものを全部身体から出した方がいいの」

嘔吐、鼻水そして大量の涙が出たあと、今度は下痢がはじまったため、私は五回ほど、茂みに長時間隠れる羽目になった。この状況が二、三時間ほど続くと、やっと身体が楽になってきた。

「どう、少しは楽になったんじゃない？　はじめよりも楽でしょ？」

「ああ」私は認めた。

二つ目の療法

ヴォロージャが再び私の手をつかんだので、私たちは湖へ走った。湖岸に到着すると、息子は私に顔を洗い少し泳ぐようにと促した。水から上がると、ヴォロージャが、一・五リットルほどの粘土製の水差を土の穴から引っ張り出しているのが見えた。

「パパ、次はこの水を飲んでね。これは、死んだ水って言うんだよ。微生物がとっても少ない水なの。空気が汚れているところでは、こういう水は飲んじゃダメなんだけど、ここは空気がきれいだから、死んだ水を飲んでも大丈夫だよ。この水はパパの内臓を洗い流してきれいにしてくれるんだ。内臓にこびり付いたたくさんの微生物やバクテリアまで洗い流してくれるんだよ。だからパパ、まずはできるだけ飲んでみて。この水差にある分を全部飲んだら、二杯目をあげるね。それも飲んだら、三杯目には生きた水をあげるね。そうすれば、必要な微生物やバクテリアがパパの身体に合ったバランスになるから」

ここで説明しておくが、息子の言う死んだ水とは、地下深くにあり、最低限のバクテリアしか含んでいない水のことである。瓶に入って売られているミネラルウォーターも死んだ水だ。そもそも、私たちは死んだ水しか飲んでおらず、そのせいで子どもたち、特に新生児が細菌叢《さいきんそう》異常で病気になっているのだ。

生きた水とは、きれいな小川、きれいな池や湖の表層にある水である。

このような小川や池、湖は、シベリアのタイガの奥地にはまだ残っている。

ひとつ念押ししておきたいことがある。アナスタシアの祖父が後に説明してくれたのだが、泉の水は、そのまま飲んでも生きた水とは言えないそうだ。祖父曰く、「生きた水にするためには、口の広い木製か粘土製の容器に三時間ほど入れておく必要がある。そしてその際には太陽の光を水に取り込まなければならない。太陽の光があってはじめて、人間が生きるために必要不可欠な微生物たち、つまり細菌とかバクテリアだとか呼ばれるものが発生するからだ。その後は、容器を暗いところに三時間以上置いておけば、生きた水として飲むことができるようになる」ということだ。

三つ目の療法

「パパ、お水はいつ飲んでもいいからね。このまま次の手順に移るね。汚染された世界に暮らす人々なら、この三つの療法に三十三日間、少なくても十九日間かけるといいんだって、ひいおじいちゃんが言ってた。でもパパには時間がないから、ぼくが三日間に縮めたの。それでもできるんだ。じゃあ次のところへ行こう。ぼくね、ある装置をつくったんだ」

私たちは湖から百メートルほど離れたところに移動した。すると木立のあいだに干し草のベッドが現れた。そのそばには、イラクサか亜麻の繊維のようなもので編まれたロープが四本置いてあった。

ロープの片端は輪っかになっており、もう一方の端はそれぞれ四本の木に結び付けられていた。

私が干し草のベッドに横になると、ヴォロージャは私の両手足に輪っかを通して手首と足首のところで軽く締めた。そしてそれぞれのロープの中ほどに付いている小さな棒を使って、私の身体を四つに引き裂くかのように引っ張りはじめた。息子が何度かロープをぎゅっと引っ張ると、私の関節が鳴る音がした。ヴォロージャはさらにロープを引っ張ると言った。

「パパはこのまま宙づりの態勢でいてね。必ず一時間はうつぶせ、もう一時間はあおむけの状態でいなきゃいけないんだ。退屈しないように、それに大きな効果が出るように、マッサージをするね。眠ってもいいから、リラックスしてね」

私たちは、この治療を毎日二時間ずつ、まる三日間続けた。

あとになって祖父に説明してもらったが、この治療方法は、すべての関節の動きがなめらかになるそうだ。これは中高年の人にとって、とても重要だ。さらに、この治療は背骨を伸ばすので、身長も伸びる。関節の動きの改善がいかに大切か、考えていただきたい。我われが歩いたり、走ったり、ジムで筋肉を鍛えるときはいつも、関節に高い負荷がかかっているのだ。しかしこの治療では、関節への負荷が取り除かれるのである。

このロープを使ったストレッチの最中、ヴォロージャは毎回マッサージをしてくれた。二日目のことだったが、ヴォロージャは私の身体に、何か甘いジュース、もしくはエキスのようなものをこすり付け、たくさんの虫を這わせた。以前アナスタシアにも同じことをされたので驚きはしなかったが、虫たちは毛穴を掃除してくれるのだ。私たちの文化でも、バーニャ（*ロシア式サウナ）に入る際は、木の枝のはたきで身体を叩いて毛穴を刺激する。そうすることで蒸気を浴びて汗をかくときに、毛穴がきれいになるのだ。〝ストレッチ〟と名付けた治療の合間に、私たちはごく普通のトレーニングとして走ったり、水浴したり、太い枝を鉄棒代わりにして懸垂《けんすい》をした。ヴォロージャは、私に一日三回ほど逆立ちさせ、その姿勢をできるだけ長く保持するようにと言った。このなんとも興味深い治療法では、顔に血液がたくさん流れてくるため、顔が引き締まり、小じわが伸びるのだ。

この三日間で私たちが食べた物は、シベリア杉のミルク、花粉、シベリア杉の実のオイル、ベリー、そして少しの干しキノコ（これらすべては実際に我われの生活環境でも手に入る）だけだった。私は治療を受けているあいだ、息子から提案された療法を実際に我われの生活に取り入れることは可能なのだろうかと考えていた。そして、これらの療法はすべて、家でも効果的に行うことができるという結論にいたった。内臓を掃除するための薬剤は薬局で手に入れられるし、断食をしたり利尿剤を使用することもできる。死んだ水を入手するのだって難しくない。ボトルに入って売られている水は、すべて死んだ水なのだから。生きた水も同じく、どこかにきれいな泉や湧き水があれば入手できる。

家庭でもこれらの療法を行うことで、健康増進効果は必ず得られるだろう。

謎めいた治療

しかし、息子が提示した一連の治療法の中には、我われの生活環境で行うにはあまりにも問題のある、不可解なものもあった。それをここに詳しく描写する。ひょっとして誰かが解決策を見つけ、私たちの環境でも実践できる方法を教えてくれるかもしれないからだ。それは次のようなものだ。ヴォロージャは、朝食と昼食の前、そして午後三時過ぎくらいに、一日三回、彼の特製エキスを私に飲ませた。

時間になると、ヴォロージャは毎回自分の隠れ家へと走って行き、穴の中から特製エキスが入った水差を取り出してきた。私に飲むようにと促す量は、いつも一口で飲み切れる量だった。私がはじめてそのエキスを飲んだときに、息子はこう言った。

「パパ、このエキスを一口で飲んで、その量を覚えておいてね。それと、飲んだらすぐに、草の上に寝転んでほしいの。パパの心臓の音がどうなるか聴いてみるから」

私がエキスを飲み、草の上に横になると、ヴォロージャは私の胸に手をおいて動きを止めた。間もなく、私は身体のあちこちが熱を帯びたり、チクチクしたりする感覚を味わった。心臓は強く打っていたが、鼓動が早くなったというわけではなかった。心臓が弛緩《しかん》するのはいつもどおりなのだが、収縮の際に以前よりもぎゅっと小さく縮まってから、血液を力強く押し出している感覚があったのだ。

後に専門家が教えてくれたのだが、毛細血管の小さな血栓ができている場所に、強くて急激な血液の流れが起こると、熱を帯びたり、チクチク感じることがあるそうだ。

ヴォロージャは、数分間私の心音を聴いたあとでこう言った。

「大丈夫だよ、パパ。パパの心臓は、もっと飲んでも耐えられる。でも無理しない方がいいから、この次飲むときは、もうちょっと少なくしよう」

息子に、このエキスはなんのためのものか、そして何でできているのかを尋ねると、こう答えた。

「パパ、このエキスはね、体力をみなぎらせたり、疾患がある場合に、治すのを助けてくれるものなの。でも肝心なのは、パパに体力が戻って、ぼくの妹を生むためのエネルギーが湧いてくることなんだ」

「おや、やはりおまえは、俺には体力やエネルギーが足りないと思っていたのか？」

「もちろん、足りているのかもしれないけど、これでパパには確実にたくさんの体力がつくし、すべてのエネルギーに必要なバランスもとれるんだ」

「それはずっとあり続けるのかい、それともこの子づくりで使い切ってしまうものなのかい？」

「次にまた子どもをつくるときは、パパはもう一度このエキスを飲まなきゃいけないの。あの子たちも毎回そうしているから」

「あの子たちって誰だ？」

「クロテンや他の動物たちだよ。ぼくがじっくり観察したのはクロテンだけなんだけどね。ひいおじいちゃんがね、いつ、どの時間帯に、何日間観察すべきなのかを教えてくれたの」

「ひいおじいちゃんはどうしてそんなことを知っているんだ?」

「だってパパ、ひいおじいちゃんは偉大な賢者である神官たちの知識を全部持っているんだもの。それに現代の神官が忘れてしまった知識も、何千年も昔の秘密だって知っているんだよ。このエキスはね、神官たちが自分の子どもをつくるときと、死ぬ前に、永遠に生き続けるために飲んでいたんだ」

「『死ぬ前に、永遠に生き続けるために飲んだ』って、どういう意味だ?」

「えっと、それはね、こういうことだよ。神官はみんなに、自分が死んだと思わせたいの。でも、実際には、代わるのは肉体だけで、神官たちは持っていた知識や情報をそのまま保持した状態ですぐにこの世に戻ってこられるんだ。素早く生まれ変わる方法は他にもあるけれど、情報を次の生に持ち越せる方法はとても少ないんだよ。だから、人々は再び生まれてきたとき、もう一度はじめから人生を学び直さなきゃいけなくて、過去世のときの世の中と今の世の中を比べることができないんだ。それにみんなが人生で混乱してしまうのは、生にたいする知識と、神を感じる気持ちを持ち越してきていないからなんだ」

「ということは、ひいおじいちゃんは過去のすべての情報を保持しているってことなんだね?」

「そうだよ、パパ。ひいおじいちゃんは、偉大な神官であり、賢者なの。でも今地上に生きている人の中に、ひいおじいちゃんの力を大きく超える人が一人だけいるんだよ」

「じゃあ、おまえは、その最も強くて賢明な人が、今どこにいるのかを知っているんだね？　おそらく、そいつは神官のリーダーに違いない」

「それはぼくたちのアナスタシアママだよ、パパ」

「アナスタシアだって？　でも、ママにひいおじいちゃんよりも多くの情報や知識があるだなんて、どういうことなんだ？」

「ひいおじいちゃんは、自分にはたくさんの情報がありすぎて邪魔なんだって言ってた。それに忘れてしまうこともあるんだって。でもママは、自分の内にあるのは情報じゃないから、ちっとも邪魔じゃないんだって」

「どういう意味だい？　より多くのことを知っているのに、情報がないだって？」

「ぼくの言い方が正確じゃなかったね、パパ。アナスタシアママにもすべての情報があって……つまり、その……ママにはひいおじいちゃんよりもずっと多くの情報があるんだけれど、それは気持ちの中に圧縮されているの。情報が必要なときには、ひいおじいちゃんが一日か二日、もしかしたらもっと時間をかけて思い出して考えることでも、ママは一瞬で感じ取ることができるんだ」

「話が全部理解できたわけじゃないが、興味深いな。教えてくれ。おまえはどうなんだい？　日頃ひいおじいちゃんと相談しているのなら、おまえにも過去世のときの情報ってのがあるんじゃないのか？」

「相談してるってことは、ないってことだよ」

「なぜだい？　おまえの頭脳が他の三人よりも弱いとでもいうのかい？　ひいおじいちゃんや大おじいちゃんよりも？　これについて彼らは何て言ってるんだい？　きっとひいおじいちゃんは、父親である俺のせいだって言ってるんだろうね」

「ひいおじいちゃんはそんなこと言わなかったよ」

「じゃあママは？　アナスタシアは何て言っていたんだ？」

「どうしてぼくはひいおじいちゃんたちよりも、それにママやパパよりも知っていることが少ないのって訊いたら、ママはこう答えたの。『ヴォロージャ、大宇宙のすべての真実、はじまりのときからのすべての情報は蓄積され続けているのよ。それは、誰にでも、いつでも、隠されることなく与えられている。だからと言ってすべての人がそれを理解し、取り入れられるわけではない。なぜなら人々の人生の目的や魂の希求が、大宇宙の希求と一致しているとは限らないから。人間は自由。人間にはすべての自由意志がある。だから大宇宙が望む道ではなく、自分で道を選ぶ権利を持っている。でもね、創造主にも、いつ、誰に、どうやってヒントを与えるのかを決める自由がある。だからあなたの手に届かない知識があることを悲しまないで。自分の夢を見つけて。そして、自分の内で生まれる夢が創造にふさわしいものなら、完全なる情報がすべて与えられる、と信じなさい』って」

「そうなのか……それでヴォロージャ、おまえはママが話したことから何を理解したんだい？」

「ぼくが夢と人生の目的を詳細に想像できたら、夢が具現化するために必要な情報がすべて、ぼくの内から生まれてくるんだってこと」

「じゃあ、今のところはまだ、ひいおじいちゃんに相談するってことなんだね？」

「うん、ひいおじいちゃんとママ、それにパパにも相談するんだ。そして自分でも深く考えてみるつもりだよ」

「じゃあ、おまえが俺に三日間飲むようにと与えたあのすごいエキスのつくり方も、ひいおじいちゃんに訊かなきゃわからないんだね？」

「あのエキスのことなら、ぼくが全部話してあげられるよ」

「それなら教えてくれ」

「あれはタイガの草でつくるんだよ。どんな草をどんな割合で使えばいいのかは、ぼくが三日三晩クロテンを観察して調べたの。これからパパになろうとしているクロテンを観察したんだよ。ひいおじいちゃんがね、クロテンのメスは、オスが体の準備をしてからでないと近づかせないんだって教えてくれたんだ。だからぼく、クロテンのオスがメスに近づく前に、どの草を、どんな時間帯に食べているのかを観察して、あとでその草を摘もうと思ったの。そうしたら、どんな時間帯に食べているかっていうのも大事なことだってわかったんだよ。今回も、クロテンが食べていたのと同じ草を全部集めたんだけど、パパはクロテンよりもずっと身体が重いから、ぼくはたくさん摘まなきゃいけなかったんだ。

次に、集めた全部の草を少しずつすり鉢に入れて、汁が出てくるまですり潰したの。そのあいだ、パパやママのこと、生まれてくる妹のことを想ってた。心地よいこと、善《よ》いことだけを想っていたんだよ。そのあと、すり潰した草を粘土の水差に入れたの。そして水差いっぱいに水を入れて、表面に膜を張らせるためにシベリア杉のオイルを加えた。さっき、パパが最初の一口を飲んだときに、パパの心臓が少し早く動き出したから、うまくできたってわかったんだよ」

私は息子の説明を聞き終え、考えた。〝野生のクロテンを観察することが可能な人は少ないだろう。しかし、例えば犬や猫がどんな草を食べているのかくらいなら、見ることはできるだろう。そのためには、犬や猫を森へ連れていって行動を観察し、可能な限り、食べている草を判別すればよい〟。

たった三日飲んだだけで効果が感じられたため、私は息子の特製エキスのつくり方に強く興味を抱いた。また、健康を取り戻すための全工程としては、十九日、もっと言えば三十三日の期間が本来は必要とのことだった。つまり、他のすべてのトレーニングと組み合わせて全工程をこなせば、人はたくさんの疾患から解放され、老化を止め、ある意味で若返ることができるのだ。繰り返しになるが、私の場合はたった三日間実践しただけで、大きな効果が得られたのだ。

もっとも、他にも民間の知恵や科学的根拠のある療法は存在する。

現代では、あらゆる病気の治療の際に生薬を勧められるし、自然界にはたくさんの薬草があることを知っている人も多い。しかし、本当の予防効果や健康回復効果は、植物を一定の日または特定の時間帯に採取した場合にしか得られないことを、知っている人は少ない。

複数の薬草からつくられる生薬についても、通常考慮すべきことがらに加え、薬草同士の割合も重視しなければならない。このように、ひとつの生薬をつくるためには、薬草についての膨大な知識を持っていなければならないのだ。しかし、現代の薬草医の中に、すべての薬草を熟知している人が存在するのか、甚だ疑問である。

私は今回のタイガでの滞在中に、これまで世界中のどこにも公開されていない健康回復のための処方、息子の方法ほど困難でなく、多くの人々が実践できる処方を得て、読者のみなさんに持ち帰りたいと強く願っていた。

三日間の健康回復工程を終えたあと、息子が今夜は早く眠りにつきたいと言って眠ってしまったので（なんとその三日間、息子は一日二、三時間しか睡眠をとっていなかったのだ）、私はそのままアナスタシアの草地へと向かった。私が最も関心を持っていたのは二つの疑問だった。ひとつは、なぜ息子は祖父のような過去の知識を持っていないのかということ、そしてもうひとつは、息子が私のために用意してくれた特製エキスのつくり方をどうにか簡素化できないかというものだった。

物語のような光景

しかし、栄養についての考察は徐々に頭の片隅へ追いやられていき、私は未来の娘のことを考えはじめていた。アナスタシアが娘を産んでくれるのはよいことだと思う。しかしその一方で、娘が成長して自分の空間を持ったり、息子がつくった空間を受け継いだりしたら、彼女も今の息子と同じ問題を抱えることになってしまうではないか……それに、このタイガで娘は誰と結婚できるというのだ？

私たちの世界へ出てくるにしたって、簡単ではない。出てくるということは、自分の空間、献身的な友である動物たちを捨てるということになるのだ。若者の中に、彼女とともにタイガで暮らすことに同意する男なんていないだろう。ここでの暮らしは、外部から来た人間にとって居心地がよいものだとは決して言えない。正直なところ、私にとってもあまり心地よくはないのだから。もちろんアナスタシアの話は興味深い。そばにいると惹きつけられるし、心は穏やかになり、よろこびにもあふれる。しかし彼女が近くにおらず一人のときは、居心地が悪く、少し怖いとさえ感じるのだ。

動物たちは、アナスタシアと息子と私のそれぞれにたいしてまったく違ったかかわり方をする。もちろん私に襲い掛かったりはしないが、動物たちは私に出会うと警戒するように見つめるのだ。アナスタシアが、シベリア杉の球果を持ってこさせるためにリスに出していた、あの指示のジェスチャーをまったく同じように真似ても、リスたちは私に反応しなかった。他にも、メス狼を呼ぼうと試みたこともあった。アナスタシアと同じように手をメス狼の方へ伸ばし、それから自分の脚をピシャリと叩いてみたのだ。しかし、狼は私のところへ走ってくるどころか、その場に立ったまま毛を逆立てて攻撃的な姿勢になった。このようなことが何回かあったため、私は彼女の動物たちと交流しようという気持ちを完全になくしてしまった。ここから学んだことは、動物たちは、特定の人間にたいしてのみ献身的になりうるということだった。

となると、将来娘のもとを訪れる若い男性にとっても、彼女の空間は居心地がよくないということだ。ヴォロージャは自分の妹の将来についてまでは考えていない。動物たちは可哀そうでも、妹のことは……可哀そうではないということになるのだから。私も深く考えずに、軽率にも息子を応援してしまった。

このように考え込んで歩いていると、いつの間にかアナスタシアの草地に到着していた。見慣れたほら穴の方へ数歩進んだところで、私は、髪を指で梳《す》きながら半身《はんみ》で立つアナスタシアを目にし、立ち止まった。その女性は、私が十年来知っている彼女ではないように見えた。そして彼女が私の方へ向きなおったとき、私の鼓動は早くなり、脚がすくんでその場から動けなくなった。

私から、十歩か十五歩ほど離れたところに女性が立っている……目に映ったその光景は、まるで何かの美しい物語のようだった。彼女は舞踏会のドレスのような、明るい色のくるぶしまである長い薄手のワンピースをまとい、紐で細いウエストを縛っていた。頭は王冠のような花輪で飾られ、金色の髪は波打ちながら両肩に落ちていた。しかしそれよりも、彼女の均整のとれた身体つきと顔は、筆舌に尽くしがたいほど麗《うるわ》しかった。

私は身動きできずに突っ立っていた。目をそらすと気絶してしまう気がして、瞬きもせずにアナスタシアを見つめた。だんだん目まいがしはじめたが、そのまま私は彼女を見つめ続けた。私は爪が手のひらに突き刺さるほどの力で拳を握りしめていたが、痛みをほとんど感じなかった。そして驚異的な美しさを放つ女性は、ゆっくりと、優雅に私の方へ向かってきた。私は痛みだけではなく、自分の身体さえも感じなくなっていた。彼女は、私にぴったりくっつくほどの距離まで、ゆっくりと近づいた。私が覚えているのは、うっとりとする芳香が彼女の体から放たれ、彼女の軽い息遣いを感じたことだ。そして……私は気を失った。

気がつくと、私は草の上に横たわっていた。隣に座ったアナスタシアが、私の両こめかみと眉間をマッサージしてくれていた。もう彼女の頭には王冠はなく、髪も草で結われていた。彼女の愛らしく灰色がかった青い瞳、今や私にとって強く親しみを感じさせるその瞳を見つめているうちに、私はほとんど落ち着きを取り戻していた。そして、彼女の声を聞いた瞬間、完全に我に返った。

「ウラジーミル、いったいどうしたの？　ひどく疲れていたの？　それとも私たちの息子が何か騒動でも起こしたの？」

「息子？　いや、逆にこの三日間、ヴォロージャは俺を癒してくれていたよ。いろんな治療をしてくれたんだ」

「それでひどく疲れたのね？」

「疲れているのはヴォロージャだ。今日はもう眠ってしまったよ。俺は逆に、とても調子がいい」

「じゃあどうして気を失ったりしたの？　あなたの心臓は早く打っていた。今もまだ、完全には落ち着いていないわ」

「きみこそ……アナスタシア、きみこそどうして、いつになくあんなふうに着飾っていたんだい？　髪型だって、なんだかいつもと違ったふうにセットして。それに俺の方へ向かってきたときの歩き方だって、いつもと違っていた」

「あなたがよろこんでくれることをしたかったの。あなたは着飾った女性たちの方が見慣れているでしょう。一緒にタイガの森か湖の周りを散歩しようと思っていたんだけれど、あなたったら、ほらこのとおり倒れちゃった。ゆっくり休んだ方がよければ、ほら穴に行きましょう。ひと眠りするといいわ」

「いや、まずはきみがしたかった散歩をしよう」。私は起き上がりながら言った。「ただ、アナスタシア、きみは俺のうしろを歩いてくれ」

「どうして？」

「どうしてもだ。着飾った女の人はもちろん見慣れているが、きみはあんなふうに着飾ったり、あんな髪型をして飾りをつけなくてもいい」

「気に入らなかったの？」。私の少しうしろを歩きながら、アナスタシアが尋ねた。

「そういうことじゃない。気に入ったさ。ただ、次からはちょっとずつやってくれ。例えば、はじめは髪型だけ変える。そしてしばらくはその髪型でいる。王冠はそのあとでかぶればいい。それから一日か二日くらい経ってから、あのドレスだ。でも最初はドレスだけを着て、紐のベルトはあとで着けるんだ。全部同時にやられると、なんだかその……違和感がある。俺はびっくりしてしまう」

「びっくりする？　ウラジーミル、それはつまり、あなたは私だとわからなかったの？」

「わかったさ。でもその……そうさ、俺はきみの美しさに面食らってしまったのさ」

「あら、それが本音なのね。つまりあなたは、私のことを美しいと思ったのね？　そうでしょう？」

彼女の手が私の両肩におかれるのを感じ、私は立ち止まった。それから目を閉じて、彼女の方を向いて答えた。

「アナスタシア、きみはただ美しいだけじゃない。きみは……」

彼女は私にもたれかかり、頭を私の肩にのせた。

「アナスタシア、俺たちの息子が妹をほしがっているんだ」。私はささやいた。

「ウラジーミル、私もあなたとの娘がほしいわ」。アナスタシアが静かに答えた。

「きみに似た娘になるといいな、アナスタシア」

「あなたにもね」

＊＊＊

その夜のことは描写するつもりはない。翌朝のこともだ。描写することは不可能なのだ。それでも男性のみなさんにひとつだけお伝えしておきたい。もしも、よく知った女性の内に女神を見ることができたら、その一夜だけでなく、数えきれないほどの昼や夜が、驚嘆するほど素晴らしいものになる。そのような素晴らしい日々の前では、過去にあった苦境もかすんで見えなくなり、すべてが美しく見える。これは決して感傷的になっているのでも、美辞麗句でもない。それは……。

いや、答えはみなさんご自身で究明した方がいいだろう。それができるなら、そしてそうしたいと思うのなら。

神なる食事

数日経ってようやく、私は読者のために尋ねておきたかった薬草のエキスのつくり方や正しい食事のとり方、食事療法のことを思い出した。どうやらアナスタシアは、都会に住んでいても取り入れられる、風変わりで独特な食事の方法を知っているようなのだ。

しかし、アナスタシアは私の予想に反し、エキスのつくり方ではなく、人間の能力や病人、そして農村に住む民間療法師について話しはじめた。彼女とは今までに何度もこの類の話をしたことはあったが、今回彼女が話したことはとても興味深いものだった。

「ウラジーミル、今、本当に起きていること、そして過去に起こったことは自分で見極めなければならない。すべての人間には、何千年も昔の人々の暮らしや未来を見る能力が備わっているし、自分の未来を築き上げる能力もある。一人ひとりが、自分にその偉大な能力が備わっていること

を自覚すれば、真実から引き離されることはない。そして、人々が真実を共有すれば、終わりなき戦争に終止符が打たれる。

これまでに、過去の事実を捻じ曲げようと、多くの努力が費やされてきた。そういうことが行われてしまうのは、人々が、過去についてのイメージを、自分以外の誰かが出した結論や言葉をもとに構築してしまうから」

「よくわからないよ、アナスタシア。地球に暮らしている俺たちが、いったいどうやって何百年、ましてや何千年も昔の人々の暮らしについて知ることができるっていうんだ？　あらゆる学問が人類の歴史を研究しているにもかかわらず、未だに学者たちは人間の起源や使命について議論を続け、歴史上の出来事を様々な解釈で語っているんだぞ」

「様々な、ということは、つまり正しい解釈と正しくない解釈があるということでしょ。もっと言えば、すべての解釈が事実と異なる可能性だってあるんじゃない？　概して、事実と異なった歴史がつくり上げられるのは、それが特定の誰かにとって都合がいいからよ。でも、誰にも頼らず、自分だけで昔の情景を再構築できるようになれば、真実を見つけて、自分の使命や大宇宙における自分の居場所を見つけ出せるようになる」

「でも、例えばどうすれば、何千年も昔の光景を確かめることができるんだい？」

「論理的に深く思考しながら想像するの。そうすればヴェドルシア文明の暮らしであっても、あなたの前に浮き上がってくるわ」

「何について論理的に思考すればいいんだい？」

「あなたがこの半世紀に見てきた人々にどんな変化があったかについて」

「よくわからないな。どうやって考えたらいいんだ？」

「考えることを怠けなければ、わかるようになるわ。さあ、一緒にやってみましょう。そして、続きはあなた自身で考えてみて。自分で考えることで、誰もが過去の本当の情景を思い起こし、その中で最も素晴らしい情景を自身の未来に組み込めるようになるから」

「わかったよ、やってみよう。でも、きみからはじめてくれ」

「いいわよ。では、できるだけ詳細に思い描いてみてね。詳細さは重要よ。さて、現代に生きるあなたは、すでに多くの病院や薬局、数えきれないほどの薬を目にしている」

「ああ、そのとおりだ、誰もが目にしている。でも、それが何だというんだい？」

「思い出して。たった三十年前、そういった場所や物は少なかったでしょう？」

「ああ、もちろんだ」

「じゃあ百年、二百年前はどうだった？」

「さらに少なかっただろうね。現代医学の歴史が、たった二百年と少しくらいだということは、よく知られている話だ」

「ほら、あなたの論理があなたを結論へと導いた。少し前には病院なんてまったくなかった。もっと思い出して、考えてみて。人々が具合を悪くしたときに治療をしていたのは誰だった？」

「誰だい？」

「あなたが子どもの頃、田舎のおばあちゃんが薬草を煎じてお父さんやお母さんに飲ませていたのを見たでしょう」

「ああ、あの村では、俺の祖母だけじゃなく、他にも治療ができる人たちがいたよ」

「そう、各集落には、薬草を摘んで保存する人が必ずいた。そして軽度であろうと重度であろうと、誰もが患った病気にたいする救助をすぐに受けられた。それにたいするお礼は『ありがとう』という言葉だけで十分で、治療費は支払うにしてもほんのわずかだった」

「そりゃそうだろう、隣近所さんだったんだから。それに周囲は様々な薬草であふれていた」

「ええ、有益な薬草がたくさんあった。そして多くの人々がそういった薬草の特性を知っていた」

「もちろん知っていたよ。俺もいくつかは知っていたが、もう忘れてしまったな」

「ほらそうでしょう、あなたは忘れてしまった。そして多くの人々も同じように忘れてしまった。現代では、軽いけがを負ったら、何をする？」

「薬局に行って、包帯か滅菌の絆創膏《ばんそうこう》を買ってきて、傷口を覆うね」

「薬局へ行く時間も費やして、お金も使う。その一方で、昔の子どもたちは誰でも、オオバコの葉を傷に当てれば傷口は素早くふさがり、感染も引き起こされないことを知っていた」

「それなら俺も知っているが、今ではどこもかしこも草が汚染されている。車の排気ガスや埃《ほこり》、酸性雨にまみれてしまっているんだ」

「ええ、そうね。でもそれは話の本質からそれているわ。今、私たちは昔の暮らしについて話をしていて、あなたは自分で、当時の人々の治療に関する知識が現代の人々の知識を超えていると結論づけた」

「どうやらそのようだ……」

「ウラジーミル、あなたの声からは疑念や確信が持てていない感じが伝わってくるわ。それではイメージが浮かんでこない。この結論を絶対的に確信するか、完全に否定するまで考えてみて。思考の中で論理を追い続けてみるの」

「アナスタシア、論理のすべてが、昔の人の方が現代人よりも民間療法についての知識を格段に多く有していたことを物語っている。計り知れないほど多くの知識を持っていたと言ってもいいくらいだ。そんな知識をとおして施される医療は、現代よりもはるかに完成されたものだったということになるだろう。だが、それでも俺には、すぐに現代の病院や薬局、研究機関がすべて必要ないものだと考えることは難しい……。そうか……、悔しいが、社会はそういう状況に陥っているってことなんだな……。ヴェドルシア、すなわち我われの先祖の文明では、身体に不調が生じたときには、薬草やエキスを摂れば病は消えた。一方、我われの文明では、病気になると病院に行き、医者の診療にお金を払う。そして医者に処方される錠剤や注射などのあらゆる薬剤にお金を払う。安い薬に高値が付けられていることだってよくあることだ。しかも、かなりの頻度で薬が偽物の場合もあると聞く。現に中央の役人も、薬局で売られている薬の三〇パーセント近くは偽物だと言っていた。それに不治の病と言われる様々な病気が新たに発生している。まるで誰かがわざと、蓄積された完璧な知識を消し去り、偽りの知識、または効果の低い知識にすり替えたかのようだ。そういえば、公的な医療機関は今でも民間療法師にたいして警戒心を抱いているみたいだが、それはおそらく彼らをライバル視しているからだろう。しかし、何百年、何千年ものあいだ、人類が民間療法で効果的に治療を行いながら、経験と知識を蓄積してきたというのに、国家や社会はなぜ、それを発展させたり研究したりすべきだと認識しないのだろう？　このような知識こそ、学校で教え伝えていくべきことじゃないか。

しかしそんなことをされたら、現代の医療にのさばっているすべてのビジネスが、崩壊してしまうからってことなんだろう……信じがたいことだ！　アナスタシア！　信じられないよ！　なんだかわかりはじめてきたぞ。現代の医療は、人々の治療というよりはむしろ、ごく普通にビジネスをやっているんだ。そしてビジネスであるならば、薬剤で商売をしている側にとっては、人々が病気の方が都合がいい。病人が増えれば増えるほど儲かるんだからな。ビジネスの法則に照らせば、こういう状況では病人の数は増加の一途をたどる。これはまさに悪循環のシステムだ。俺は、遠い昔の治療システムの方がかなり合理的で、効果的であったと確信しはじめているよ。……だが、それでもいくつかの史実が、俺が完全に確信するのを邪魔するんだ」

「どんな史実？」

「そうだな、例えば、歴史上でペストや天然痘なんかの伝染病が大流行したことは知られているだろう。よく歴史の教科書に、村が全滅したことが書かれている。本当にそうだったのかい？」

「ええ、そうだった」

「しかし今では、現代医学によって、ペストやコレラ、天然痘にも勝利を収めた。例えば天然痘にたいしては予防接種をすればいいだけだ。つまり、昔の民間療法師はこういった病気と闘うことができなかったが、現代医学はできた、ということになる」

「ウラジーミル、そうではないの。時代背景をよく思い出して、そのとき起こった事実と比較してみて。伝染病の大流行が起こりはじめた時代は、ちょうど民間療法師たちが迫害されるようになった時期と重なっている。それはたくさんの民間療法師が処刑されるほどの迫害だった。オカルトの時代の権力者にとって、民間療法師の存在は邪魔だったの。当時も今と同じく、多神教の人々はただ自然を崇拝しているだけの信仰心のない人々だと考えられていた。でもそうではなかった。多神教の人々は、自然が神の創造物であるからこそ敬意を払っていたの。そして神の創造について、今の人々に知らされていないことをたくさん知っていた」

「わかったよ、アナスタシア。疑念はもうなくなったよ。現代医学は民間で培われた医学には到底かなわない。俺はそう確信したよ。しかし、どうしてそこまで俺に確信させようとしたんだい？」

「あなただけじゃない。私はあなたの読者にも、事実を比較して自ら納得してほしいの」

「でも何のために？」

「自分の論理によってひとつの揺るぎない事実を導き出すと、そこからさらに他の歴然たる事実が浮かび上がってくる。私は、事実から導き出した結論が一見信じがたいものに見えても、どうか慌てふためかないでほしいの」

「その信じがたい結論というのは、例えばどんなことだい？」

「その前に質問に答えて。現代人なら、古代の人々がどこから自然についての膨大な知識を得ていたと考えるの？」

「どこからって？　民間療法の薬草の調合のし方なら、親から子へと伝えていったに決まっているさ」

「そうね、まずレシピや処方箋《しょほうせん》ができて、それが伝えられていったということにしましょう。では、何千もある処方箋の一つひとつには、最初にそれを書いた人がいたということになるわよね？」

「順序からすると、もちろんいたはずだ。しかし、今となっては処方箋の作者を特定することなんて不可能だよ」

「いいえ、可能よ！　創造主は、偉大な叡智のすべてを、例外なくすべての人に与えたんだから。私があなたに、そしてすべての人々に証明するわ。だからこれから私が話すことを、信じがたいことだとすぐに決めつけないでほしいの」

「そうしてみるよ、話してくれ」

「現代では、原初の人間は、現代人よりもずっと愚劣《ぐれつ》だったと考えられている。でもそうではないの。原初の人々が持っていた知識は、最初から神なるものだった」

「最初からって、そんなはずはないだろう。きみは、神がいろんな薬草を使った治療方法を書いたとでも言いたいのかい？　これらの知識は、人類が何世紀もかけて蓄積したものだと、歴史学者たちも主張しているんだぞ」

「でも最後まで論理的に考えると、その主張からは異なった結論が導かれる」

「どんな結論だい？」

「その主張にもとづくと、人間は創造主の完全な創造物ではなく、地球に生きるすべての生き物の中で最も未熟な存在ということになる」

「どうしてそうなるんだ？」

「自分で考えてみて。あなたの犬は、体調が悪くなったときにどんな草を食べなければならないか、知っているでしょう。猫も同じで、森へ駆け出して必要な草を探す。誰も犬や猫のために処方箋を書いたりはしていない。ミツバチだって、どうやって花から蜜を採ればいいのかを知っている。それに蜜房のつくり方や、蜂蜜の保存の仕方、花粉の集め方に、子孫の育て方も知っている。でも、ミツバチが群《むれ》として持っている知識の鎖から、たったひとつでも輪を外したらミツバチの種族は滅びてしまう。

それでもミツバチは今日も存在している。そして、これはたったひとつのことを意味しているの。それは、すべての知識は創造主によって創造の瞬間に与えられている、ということ。だからミツバチは滅びることなく何百万年も存在し、今でもはじめに創造されたときと同じように独特な蜜房をつくり続けている。アリだって同じように巣をつくり続けている。そして花は、創造された最初の日と同じように、夜明けとともに花びらを開く。リンゴの木も、サクランボの木も、ナシの木も、実を育てるためにどのような養分を土から摂取すればいいのかを正確に知っている。すべての知識は創造の瞬間に与えられたの。そして人間も例外ではない」

「そうだな……驚いたよ。実際にすべての論理がそういう結論へと導いている。ということはつまり……待てよ、じゃあその知識は今どこにあるんだ？」

「知識は一人ひとりの人間に保存されている。健康増進の薬草エキスだって、一人ひとりが自分で調合することができるの」

「でもどうやって？」

「ウラジーミル、レシピや処方箋はね、創造主によって最初から与えられているの。人はほとんどの病気を癒し、寿命を延ばすことができる。創造主のレシピは極めてシンプルでありながら、とても奥が深い。人は自分の頭でこの意味を理解できるはず。では、先史時代のことから話をはじめましょう」

＊＊＊

「かつて、ヴェドルシア文明では、人は皆百年以上生きていた。そして彼らの肉体は病気知らずだった。人々は創造主のレシピに沿って食事をしていた。創造主により偉大な意味が込められた草や野菜、ベリーや果物などのすべてには、無駄なものや偶然できるものはなく、厳格な序列のもと、同時にではなく徐々に熟すように定められていた。

早春に熟すものであれ、夏や晩秋に熟すものであれ、実が熟すタイミングは、人間にとって最大限有益になるように定められていたの。一族の土地で暮らす人たちは、創造主のレシピによって栄養を摂っていたため、病気にはなり得なかった。人間のために、食べ物の種類やそれが収穫できる時期は、創造主によってあらかじめ定められていたの。食べる量は人間自身が決めていたけれど、頭で考えるのではなく、食べたいだけ食べていた。そして人間の肉体も、必要な食べ物の量をグラム単位の正確さで判断していた。

秋になると、各家庭では、ベリーや根菜、草、ナッツやキノコなどの保存食がつくられていた。そして冬になると、その保存食が少しずつ取り出されてお皿に盛られた。各家庭のテーブルにはそれがいつも置かれていて、いろんな種類の保存食を好きな時に食べられるようになっていたの。家族はみんなそれぞれ忙しくしていたけれど、お腹がすいたり、ひどくのどが渇いたときは、テーブルに行き、特に深く考えることなく食べたいものを口にしていた。いい、ウラジーミル、彼らは深く考えることなく口にしていたの！　彼らの肉体は、どんな食べ物がどのくらい必要なのかを正確に知っていた。だって、この能力は創造主からすべての人に与えられているのだから。そしてこの能力は、今すぐにでも呼び覚ますことができる。そのために必要なのは肉体に情報を提供することだけ。

私、ヴェドルシアの食事の方法を、今の人々に合わせてアレンジしてみたの。ウラジーミル、あなたも試してみて。そして他の人にも試してもらえたらと思うの。こういう方法なの」

＊＊＊

「あなたが現代的なマンションに暮らす人なら、自分が住んでいる地域に生育するすべての野菜、果物、食べられる草を百グラムか二百グラムずつ手に入れる。

これらの食材を食べる前は、丸一日何も食べないでおく。その日の飲み物は湧き水だけにし、昼食の代わりにコップ一杯の赤ビーツの絞り汁を摂取する。ビーツの汁を飲むと清浄作用で胃腸の動きが激しくなるから、家からは出ない方がいいわ。

翌朝、目が覚めて空腹を感じたら、野菜、果物、草のどれでもいいからお皿に載せ、テーブルにつく。そしてお皿に載った食材を注意深く観察したあと、匂いを嗅ぎ、一舐めしてから、よく噛んでゆっくり食べるの。それは部屋でひとりになり、人工的な世界の音が遮断されている状態で行うことが望ましい。

一つ目の食材を摂取しても空腹感が収まらないこともあるし、短い間隔で再びお腹がすくかもしれない。そのときは他の食材をひとつ選び、一つ目の食材とまったく同じ方法で食べてね。

次に、順序は問わないけれど、テーブルに載せた食材はすべて摂取すること。そのときは、必ず食材ごとに短い間隔を設けて食べてね。

そのタイミングは、空腹感によって決めること。

また、食材の摂取は必ず朝からはじめてね。

すべての食材の味見は、その日のうちに終わらせてね。もし食材の種類が多くて一日では足りないなら、次の日も同じ方法で食事を続けること。

この食事法はとても重要で、この手順を踏むことで、多くの人々の肉体は、おそらく人生ではじめて食材の質と味の特性を知ることになる。すると肉体は、その瞬間に必要な食材と摂取量を決定できるようになるの。

肉体がすべての食材を知ったら、今度は、小さく切り分けた野菜を大皿に並べ、そのお皿か別のお皿に小さな束にした草やベリー類を並べること。傷みやすい食材はボウルに入れて、湧き水を注いでね。

テーブルには、蜂蜜と花粉、シベリア杉の実のオイル、湧き水も置いておくこと。あとは自分の時間を過ごしながら、空腹を感じたらテーブルへ行き、気が向いた食材を手か木製のスプーンで食べるの。

全部食べきってしまう食材もあれば、逆にまったく手をつけずに残る食材もある。これは、創造主によって用意された、あなた専属の賢明なる医師であり食餌《しょくじ》療法士である肉体が、あなたのために、その時点で最も必要なものを選び、当面必要のないものには手をつけさせなかったことを意味する。

次の日は、食べなかったものをテーブルの上に置かなくても大丈夫。でも、三日後には再び全種類の食材をテーブルに用意すること。もうその頃には肉体が他のものを必要とする可能性が出てくるから。

こうして、だんだん、一日の食材の中からどれを一定期間排除してもよいかを判断できるようになり、無駄に入手する手間がなくなるの。それでも、ある程度の期間が過ぎると、その排除した食材を肉体が必要とするかもしれないので、時々は入手できる食材を全種類用意してね。

あなた方の世界で暮らす人には、外出や外泊をしなければならないことがよくあるでしょう。その場合にもこれは応用できるの。例えば、白樺の皮でできた箱を買うかつくるかして、そこにテーブルにあった食材の一部を入れて持ち運ぶ。そうすれば、どこに行っても肉体が必要な食材を選ぶことができる。

もしも長期間遠くへ行かなくてはならなくなったら、行った先で同じように、肉体にその地域の食材を知らせることからはじめること。たとえ同じ名前の食材であっても、味が違うことがあるから。

ウラジーミル、肝心なのは、この食事法の本質を理解することなの。どの食材が肉体に最も有益で、どのくらいの量を、どのタイミングで摂取すべきかを判断する能力は動物たちだけに与えられたものではない。それは一人ひとり、すべての人間にも備わっているものなの。

私たちの息子が思い付いたことは正しい。タイガの薬草でエキスをつくるために、彼はクロテンを観察することにした。でも、すべての草の味を知っていれば、あなたの肉体は自らクロテンよりも正確に必要な草を選ぶことができたはず。マンションに帰ったら、簡単に手に入る食材を用意して、それぞれの味を肉体に認識させてあげて。それを行うときは、あなたの肉体が食材の効力と価値を正しく判断できるように、複数の食材を混ぜたり、塩をかけたりしないでね」

＊＊＊

すべての人が自分のために食餌療法を行い、健康回復のための食事のレシピを自分でつくり上げるという方法は、非常に独創的であり、理にかなっているように思えた。肉体が要求する量や品目が人によって異なることなど、当然ではないか。だとすれば、皆に共通するたったひとつのレシピや食餌療法などありえない、ということになる。アナスタシアが提案した方法なら、誰でも自分のために、最大限に正確で有益な個別の食餌療法をつくることができる。一方、現代の人間が考え出した工業的なレシピや処方箋は、必ずしも健康にいいわけではない。そういったものは、たいていの場合、製造業者や現代的な食品産業の経営者が効率性を図ったものであったり、彼らにとって都合よくできていたりするものだからだ。例えば、マクドナルドは世界で最も巨大で影響力が強く、名が知られている企業だが、彼らはすべての客に同一の基準を押し付けて、まったく同じハンバーガーやチーズバーガー、フライドポテトで人々をとりこにした。世界中で同一の食材や設備、製造技術があればいいのだから、このシステムは疑いの余地なく、企業側の利便性を追求したものだ。このような同一のシステムによる食事方法は、いかに自然からかけ離れた、健康に悪いものだろう。そして、このことを理解する人々の数は全世界で増え続けている。二〇〇二年十月十六日水曜日には、毎年十月十六日がマクドナルドにたいする抗議の日（国連世界食料デー）となった。すなわち十月十六日は、増加する廃棄食品、子どもをターゲットにした執拗《しつよう》な広告、過酷な労働環境、動物にたいする非道徳的な行為、環境破壊、そして我われの生活への、世界規模の巨大企業支配にたいする公式な抗議の日となったのである。

こうしてマクドナルドは、全世界のあらゆる抗議団体から、現代資本主義の象徴と強く見なされるようになった。すでに、いわゆるジャンクフードを商品とするマクドナルド、ケンタッキーフライドチキン、バーガーキング、ウェンディーズといったアメリカの企業は、何百万人もの消費者から「組織的で非道徳的な戦略により、誤って健康に有害な食事へと誘導され、その結果肥満や心臓疾患その他の深刻な健康問題に陥った」という内容の訴訟を起こされており、裁判が次々に開かれている。また、ヨーロッパやアメリカでは、狂牛病をはじめとする家畜の病気や、遺伝子組み換え作物の家畜飼料への使用、遺伝子組み換え作物（ジャガイモやトウモロコシなど）とそれを原料にした食品（チョコレートや菓子類）などが、人々の健康への不安を増大させている。

しかし、誰かの利益のために形成されているのは、食事のシステムだけだろうか？ 現代国家の形成についてはどうだろう？

そうだ、例えば現代の民主主義と資本主義社会だ。この社会が人々にとって本当に理想的な暮らしであると言えるだろうか？ このことをアナスタシアがどう考えるのか、とても興味深くなった。

「アナスタシア、教えてくれ。自分の利益のために多くの人々を犠牲にする食事システムをつくり上げた人がいたのなら、同じように、自分にだけ都合のいい社会構造を考えついた人もいたんじゃないのかい？」

「もちろんいた。ウラジーミル、自分で考えてみて。何世紀も経って社会構造の名前は変わっているけれど、本質はひとつ――人々から搾取することなの」

「しかし、すべてがまったく同じではなかっただろう。例えば昔は奴隷制度があったが、今は民主主義だ。民主主義ならば、奴隷制度よりも搾取されることは各段に少ないはずだ」

「ウラジーミル、実際にどうだったか知りたい？」

「ああ」

「わかったわ」

デーモン・クラシー

奴隷たちはピカピカに磨かれた石を運びながら、列をなしてぞろぞろと歩いていた。奴隷の隊列は一列で一・五キロメートルもの長さがあり、それが四列並んで石切り場から要塞の建設がはじまった都市部まで延びていた。各隊列では、十人の奴隷ごとに一人の警備兵が付き、目を光らせていた。奴隷の列から少しそれたところにある、磨き石を積み上げた高さ三十メートルほどの築山《つきやま》の頂上には、最高神官の一人であるクラシーが座っていた。彼は四カ月ものあいだ、そこで起こっていることを静かに観察していた。奴隷や警備兵たちは、山頂にある玉座を景観の一部として捉えており、そこで玉座に座ったり広場を歩き回ったりしている人の姿には、誰も注意を払っていなかった。彼の深い思考を邪魔する者は誰もいなかったし、彼に眼差しを向ける者すらいなかった。クラシーは、神官の権力を強固にして国を再構築するという課題を己に課していた。

それによって、神官以外のすべての人間を奴隷として千年間服従させようとしていた。

＊＊＊

あるときクラシーは、山頂の玉座に自分の影武者をおいて築山を下りた。神官である彼は衣を変え、かつらを外すと、警備隊長に命じて、自分を隊列の中のナルドという名の若くて力持ちの奴隷のうしろに鎖でつながせた。

それはこの若者に、他の奴隷たちに見られるような彷徨《さまよ》い茫然とした眼差しではなく、探求心と計算高さがあることに気が付いたためだった。ナルドは集中して物思いに耽っているかと思えば、不安に駆られたような緊張感を見せることもあった。〝つまり、この男は何か計画を企てているのだな〟と察知した神官は、自身の考察の正しさを確認しようと思っていた。

クラシーは二日間、何も言わず石を引きずりながらナルドを観察した。食事の際には隣に座り、就床の際は隣で寝た。三晩目のこと、〝就寝〟の指示が出るや否や、クラシーはナルドの方を向き、悲しみと絶望が入り混じった声で誰にともなくささやいた。

「こんなことが残りの人生でもずっと続くというのか？」

その言葉に反応して身体が少し動いたかと思うと、ナルドはすぐさま神官の方に顔を向けた。広い奴隷小屋のほの暗い灯りの下であっても、彼の眼は光っていた。

「それほど長く続きはしない。俺は計画を考えているところなんだ。爺さん、あんたも一緒にやるかい？」。若い奴隷はささやいた。

「どんな計画だい？」。神官は無関心を装い、ため息をつきながら尋ねた。

ナルドは熱心に、そして自信を持って説明をはじめた。

「爺さん、あんたも俺も、ここにいるみんなが、奴隷ではなく自由な人間になるんだ。考えてみろよ、爺さん。十人の奴隷にたいして一人の警備兵だ。それに食事をつくったり服を縫ったりしている女奴隷にも、十五人にたいして一人しか見張りの警備兵が付けられていない。もしもある時刻に、皆で一斉に警備兵を襲えば、俺たちが勝つ。向こうは武装しているが、俺たちにだって、つながれた鎖がある。俺たち十人にたいして相手は一人だ、鎖だって武器になる。剣を振りかざされたら鎖で防御するんだ。そして警備兵全員を縛って武器を奪い、俺たちが武装する」

「おや、若者よ」。クラシーは再びため息をつき、冷めた様子で言った。「お前の計画は不十分だ。わしらを見張っている警備兵の武器を奪うことはできるだろうが、ファラオが新しい兵、ともすれば全軍を送ってきて、蜂起《ほうき》した奴隷を皆殺しにするだろうよ」。

「それについてはもう考えてあるよ、爺さん。だから軍がいない時を狙うんだ。そしてその時は来ている。おそらく今、軍は遠征に向けて準備をしている。奴らは行軍《こうぐん》用の食料を三カ月分用意している。つまり軍は三カ月以内には敵国に到着し、戦闘に入るってことだ。戦闘で軍は戦力を失うだろうが、勝利して大勢の新しい奴隷を捕まえてくるはずだ。すでに、そのための新しい収容小屋が建てられている。俺たちは、この国のファラオの軍隊が他国の軍との戦闘に入ったら、すぐにここにいる警備兵の武装解除をはじめるんだ。ここの急使が遠征している軍に、大至急戻る必要があるという知らせを届けるには一カ月はかかる。さらに、弱体化した軍がここまで戻ってくるには三カ月以上かかるだろう。その四カ月のあいだに戦闘の準備をするんだ。頭数では軍の兵に負けてはいない。そして連れてこられた新しい奴隷たちも、起きていることを目にすれば、俺たちの側《がわ》に付く。すべてを想定してあるんだ、爺さん」

「そうだな、若者よ。そこまで想定して計画しているなら、警備兵の武器を奪い、軍隊に打ち勝つことができるだろう」。神官は元気づいたふりをしながらそう答えると、付け加えて言った。

「しかし、わしら奴隷は、そのあと何をしたらいいのかね？　それにファラオは、警備兵や兵士たちは、どうなるんだね？」

「そのことはまだ十分に練っていない。今のところ言えるのは……奴隷だった者は全員奴隷ではなくなり、奴隷でなかった者たちが奴隷になる、それだけだ」

まるで今考えているかのように、ナルドは定まらない答えを返した。

「では神官たちはどうなるのかね？　若者よ、教えてくれ。神官たちは、奴隷または奴隷でない者のどちらに属すことになるんだね？」

「神官？　神官のことも考えていなかったな。しかし今考えるに、神官たちは今のままでいればいい。奴隷もファラオも、神官の言うことは聞いている。彼らの言うことはときに理解しがたいものだが、彼らは無害だ。神々のことを語らせておけばいい。自分の人生のことや、よりよく暮らすためにはどうすべきかについては、俺たち自身が一番わかっているのだから」

「よりよく……それはよいことだ」。神官はそう答えて、ひどく眠たそうにした。

しかし、クラシーはその夜眠らずに思索していた。

〝もちろん、若い奴隷を捕らえ、ファラオにこの陰謀を報告するのが一番手っ取り早い。この男が奴隷たちを煽動《せんどう》しているのは明らかだ。しかしそれでは根本的な解決にはならない。奴隷たちは、奴隷状態から解放されたいという強い願いをいつまでも持ち続けていく。そしてその中で新しいリーダーが現れては、また蜂起を企てる、その繰り返しだ。それでは、大きな脅威が常に国家の内部に存在し続けることになる〟

クラシーの目下の課題は、全世界を隷属させるための計画を練ることだった。彼には、人々を物理的に強制させるだけでは目的を達成することはできないとわかっていた。

〝一人ひとり、つまり民衆全員に心理的作用をおよぼすことが不可欠だ。人々の意識を変容させ、隷属自体がより高い幸福をもたらすものであるとして、全員を洗脳する必要がある。そのためには、全民衆が空間と時間とものごとを認識する力にたいして正常な感覚を失っていくように、永続的に自然展開していくプログラムを作動させることが不可欠である。現実を正確に知覚するための正常な感覚を失わせることが何より重要なのだ〟

クラシーの意識はいっそう速く働いたため、彼は身体の感覚も、手足に付けられた枷《かせ》の重さも感じなくなっていた。そして突然、まるで稲妻に打たれたように、彼の頭にプログラムが浮かんだ。まだ細部は出来上がっておらず、具体的な説明はできないものの、それはすでに彼の心を燃え上がらせるほど壮大さを感じさせるものだった。そしてそのときクラシーは、己が世界を掌握したことを理解した。

神官クラシーは、奴隷小屋の寝床で枷につながれて横になったまま、心の中で自身のプログラムに魅了されていた。

〝明朝、奴隷たちが労働に駆り出される時、警備隊長に合図を送って私の枷を取らせ、奴隷の隊列から外れよう。そしてプログラムの細部を練り上げ、短い言葉を発しよう。それによって世界が変わりはじめるのだ。驚くべきことだ！　たったそれだけの言葉で、世界が私に、私の意識に服従する。やはり神は本当に、大宇宙において、意識という比類なき力を人間に与えたのだ。意識によって生まれた言葉が、歴史の流れを変えていくのだ。

今、この上なく都合のいい状況が整っている。何せ奴隷たちが暴動を企てているのだ。奴隷たちの計画は理にかなっており、一定の期間は彼らによい結果をもたらすだろう。しかし私はいくつか言葉を発するだけで、今日の奴隷たちだけでなく彼らの子孫、さらには地上の奴隷を支配する者らをも、来たる何千年ものあいだ、私に従わせることができるのだ〟

朝になると、クラシーは警備隊長に合図を送り、枷を外させた。そして翌日にはもう、他の五人の神官とファラオを展望広場に招集していた。集まった者たちの前で、クラシーは演説をはじめた。
「これから聞く話は、絶対に書き残してはならないし、言い伝えてもならない。ここには壁もないゆえ、私の言葉を聞いているのはあなた方だけである。私は地球上に生きるすべての人間を、ファラオの奴隷に変える方法を考えついた。これは、どれだけ多くの兵士を投入しても、激しい戦争を行ってもかなわないことである。しかし私は、いくつかの言葉だけでそれをやってみせよう。その言葉を発した後、たった二日間で、あなた方も世界が変わりはじめたことを確信するだろう。

見よ、鎖につながれた奴隷たちが長い隊列をなして一つずつ石を運び、数多くの兵士が彼らを見張っている。国にとっては、奴隷の数が多いに越したことはない。我らは常にそのように考えてきた。しかし、奴隷の数が多ければ多いほど、彼らの反乱を警戒せねばならず、我らは警備を強化せざるを得ない。それに、奴隷たちに重労働をさせるためには、よい食料を与えなければならない。しかし、いずれにせよ、奴隷たちは怠けようとするし、暴動へも傾く。見よ、奴隷たちはあんなにものろのろと歩いている。しかも怠慢な警備隊は、追い立てもせず、健康で体力が余っている奴隷にさえも鞭をふるうおうとしていない。

だが、もうすぐ奴隷たちは、じつに素早く動くようになる。警備兵すらも必要なくなるのだ。それどころか警備兵らも奴隷と化すのだ。そしてこれを、今から言う方法で成し遂げる。今日の日没前に、伝令役にファラオの命令を触れて回らせるのだ。『明日の夜明けとともに、奴隷たちに完全なる自由を与える。汝らは、石を一つ都市まで運ぶごとに、一枚の硬貨を受け取ることができる。硬貨を集めれば、食べ物や衣服、住居だけでなく、都市部の宮殿や都市そのものにも交換することができる。明日から、汝らは自由な人間である』と」

クラシーの話を理解すると、最年長の神官が言った。

「クラシーよ、お前はデーモン（悪魔）だ。お前が考えた悪魔の仕組みが、この地上の大部分の民衆に覆いかぶさるであろう」

「私のことをデーモンだと言うがよい。そしてこの構想を、将来デモクラシー（民主主義）と呼ばせるがよい」

＊＊＊

日没の命令が言い渡されると、奴隷たちはひどく驚愕《きょうがく》した。多くの奴隷たちは、これから訪れる幸せな暮らしに思いを巡らせ、眠りにつくことができなかった。

次の日の朝、神官らとファラオは再び築山の広場に集まった。彼らの眼下に広がる光景は想像を絶するものだった。そこには昨日まで奴隷だった何千人もの人間が、これまでと同じ石を、われ先にと運んでいる姿があった。多くの者たちは汗まみれになって石を二つずつ運び、一つずつしか運べない者たちは、塵《ちり》を巻き上げて走りながら運んでいた。その中には数人の警備兵すら混じっていた。枷を外され、自分は自由であると思い込んでいる人々が、それぞれの幸せな暮らしを築くために、所望の硬貨を少しでも多く得ようと必死になっていた。

クラシーはさらに数カ月間を築山の展望広場で過ごし、山の下で繰り広げられている光景を満足げに観察した。変化は凄まじいものだった。奴隷たちの一部は小さな集団を形成し、用意した台車の上に石を積み上げ、汗にまみれて台車を引いていた。

〝彼らはこれからも、多くの装備を次々と発明するだろう〟。悦に浸りながらクラシーは思った。〝水や食べ物を運搬する者たちまでもが現れた。もう支援サービスまで生まれたのだ。食べ物を摂るために戻る時間を惜しみ、稼いだ硬貨で代金を支払い、食べながら歩く者もいる。おお、なんたることか、医師まで現れた。道中で苦しんでいる者を救助し、やはり対価として硬貨を受け取っている。もう交通係まで専任されているではないか。じきに上官や裁判長も選ばれることだろう。好きにするがいい、それが自由であると思っているのだから。それでも、ことの本質は何も変わらない、結局彼らはずっと石を引きずっているのだから……〟。

こうして人々は千年ものあいだずっと、塵の中で汗にまみれながら、重い石を引きずって走っている。そしてその奴隷たちの子孫は今日も、無益に走り続けている……

＊＊＊

「アナスタシア、おそらくきみは、現代の雇われ労働者のことを言っているんだろう？　それならわかる。しかし企業のトップや官僚、実業家なんかは奴隷の部類に入れることはできないよ」

「ウラジーミル、あなたは彼らを奴隷とは異なると思うのね。じゃあ、どんな違いがあるのか説明してみて」

「確かに、現代にも奴隷のように単に働いている、いわゆる石を運んでいる者もいるが、運搬に指示を出す者、現代風に言うならば、生産工程を管理する者もいるじゃないか」

「でも管理することだって、形を変えた労働なだけで、石を運搬するよりも大変な場合もよくあるわ」

「それは……そうだな、確かに実業家は普通の人たちよりもたくさんのことを考えなきゃならないものだ。実業家の意識は朝から晩まで仕事でいっぱいだからな。ということは、ファラオや大統領、首相たちも同じように奴隷ということになるのかい？」

「ええ、そうよ。そしてこの重大な破壊的構想を始動した神官たちでさえも、奴隷になってしまったの」

「しかし、奴隷がいるならば、奴隷の所有者もいるはずだ。きみが言うように神官でさえも奴隷になったのなら、所有者は誰なんだ？」

「奴隷の所有者は、人間によってつくりだされた人工的な世界。そして警備兵たちは今も大部分の人々の内にいて、鞭を打ちながら硬貨を稼ぐよう強いている」

「なんと悲しい構図だ。そして逃げ場のない袋小路だ。過去千年のあいだにあらゆる帝国が生まれては滅び、宗教や法律も次々と変わってはきたが、その本質は何ひとつ変わっちゃいないんだな。以前からそうであったように、人間は奴隷のままだ。この状況は、本当に修正できないものなのか？」

「いいえ、できる」

「どうすればいい？　そんなことが誰にできるんだ？」

「イメージよ」

「イメージってどういう意味だ？　どんなイメージなんだ？」

「今と異なる状況が人々の未来に広がっているというイメージ。ウラジーミル、自分自身で判断してみて。今日、お金の力で世界をコントロールしている人々は、人間の幸せは権力とお金によってしか、もたらされないと考えている。そして彼らは、大勢の人々が硬貨を稼ごうと懸命になっている様子を見て、自分たちの考えはやはり正しかったのだと確信している。でもよく、本当によくあることだけれど、この無意味な競争は、勝者たち自身をも苦しませている。幻想の高みへと到達した彼らは、誰よりも自分の人生の無意味さを痛感している。

今から未来の光景をひとつ見せるわね。それをあなたに本の中で描写してほしいの。その光景が現実になると嬉しいわ……」

億万長者

億万長者であるジョン・ハイツマンは、自分のオフィスビルの四十二階で死の床にあった。このフロアのすべては彼のための豪奢《ごうしゃ》な居住空間としてつくられており、寝室二部屋、トレーニングジム、プール、応接間、執務室二部屋が、ここ三年間の彼の隠れ家となっていた。三年のあいだ、彼は一度もこの居住空間を離れることがなかった。彼の金融帝国であるこのビルには、従業員が勤務するフロアと直結する彼専用の高速エレベーターがあり、屋上には彼専用の操縦士とヘリコプターが常時待機していた。しかし、この三年間、彼がそれらを利用することは一度もなかった。

ジョン・ハイツマンは週に三回、執務室に四人の側近だけを集めて会議をしていた。彼はその四十分以内の短い連絡会議で、側近たちの報告を無関心そうに聞いては、時おり手短に指示を与えていた。億万長者たる彼の命令は絶対で、あれこれ検討されることもなく、速やかに遂行されていた。ジョン・ハイツマンの完全な支配下にあるこの金融帝国の資産は、毎年十六・五パーセントずつ増大していた。そして週に三回の報告会をやめてしまったこの半年間でさえ、収益が減ることはなかった。彼がつくり上げ、整えたマネージメントの仕組みは、決して狂うことはなかった。

億万長者の実態を知る人は誰一人いなかった。新聞や雑誌に彼の名前が載ることもほとんどなかった。このようにハイツマンは『金はせわしさを嫌う』という言葉を厳守していた。

また、若き日のジョン・ハイツマンに、父親はこう教え説いていた。

『テレビや新聞にちょこまかと露出するのは、政界の成り上がりどもにさせておけ。民衆に幸せな暮らしを請け合う話は、大統領や知事にさせておけばよいのだ。そして、ボディーガードを侍《はべ》らせてエグゼクティブクラスの車を乗り回すようなことも、世間にありふれた億万長者にさせておけ。ジョニー（*ジョンの愛称）、こういったことは、お前にはふさわしくない。お前にふさわしいのは、自分の権力である金の力を使って、あらゆる国の政府や大統領、大金持ちや貧民を陰から動かし続けることだ。しかし、彼らにそれを悟られてはならない。

この上なくシンプルな構図がある。そこには私がつくった通貨基金があり、多くの出資者もいる。しかし実際には、私の資本の七十パーセントが様々に名前を変えて出資されているに過ぎない。愚鈍《ぐどん》な群衆の目には、この基金が発展途上国の支援のために創設されたものに映るが、実際は、全世界の国々がここに献金する仕組みになるように私がつくった基金なのだ。

例えば、こういうことだ。二つの国のあいだで軍事衝突が起こると、一方だけというよりは双方である場合が多いが、当事国には資金が必要となる。そこで基金からお金を借りさせて、利息付きで返済させるのだ。また、どこかの国で社会に衝撃を与えるような事態が起こって資金が必要になった場合も、基金から借りさせて、利息付きで返済させればよいのだ。その他にも、二つの政治的勢力のあいだで権力争いが起こったときには、どちらか一方に我われのエージェントを通じて資金を貸し付け、利息付きで返済させるのだ。例えばロシア一国からだけでも、毎年三十億ドルが我われに支払われているのだよ』

二十歳の若きジョン・ハイツマンにとって、父親との会話は何よりも楽しいものだった。あるとき、ジョンは厳格で口数の少なかった父から仕事部屋に呼び出され、暖炉の前の肘掛《ひじかけ》椅子にくつろいで腰をかけるように促された。そして父は手ずからコーヒーにジョンの好きなクリームを加えると、心からの関心を寄せて尋ねた。

「ジョン、大学での勉強は好きか?」

「全部が面白いわけじゃないよ、父さん。教授たちが経済の法則について、明確で、わかりやすい説明をしていないんじゃないかと感じるんだ」。ジョンは正直に答えた。

「よし、よくぞ気が付いた。しかし、今の教授たちには経済の法則が説明できない、と言う方がより正確だ。それは彼らがまったく理解していないからだ。彼らは、経済が経済学者たちの範《はん》疇《ちゅう》にあるものだと思っているが、そうではない。世界経済を操っているのは心理学者、哲学者、そしてプレーヤーたちだ。

私が二十歳になったとき、私の父でありお前の祖父にあたるジョンは、全世界の金融界を支配するための秘訣を私に打ち明けてくれた。そしてジョン、お前ももう二十歳だ。お前にもその知識の後継者たる資格があると私は思っている」

「ありがとう、父さん」。ジョンは答えた。

こうして、暖炉の前で、大学で教わるものとは異なる経済の法則についての授業がはじまった。父親は息子に独特な方法で教えた。それは二人だけの秘密を共有しているという信頼関係のもとで行われ、好意的な雰囲気で、例えやゲームの要素を含みながら行われた。父親がジョンに明かした情報は驚嘆する内容で、そしてもちろん、いかなる大学、たとえ世界で最も権威ある大学でも教えられていないものだった。

「では、ジョン、教えておくれ」。父が尋ねた。「この国もしくは世界に、大富豪が何人いるか、知っているかい？」。

「ビジネス誌を見れば、総資産額の順に大富豪の名前が載っているよ」。ジョンは落ち着いて答えた。

「では、それらの長者番付の中で、私たちはいったい何番目だい？」

父親は、はじめて〝私〟ではなく〝私たち〟という言葉を使った。これは父が、ジョンをもう資産の共同所有者であると見なしていることを意味していた。父親をがっかりさせたくはないと思いながらも、ジョンはこう答えた。

「お父さんの名前は長者番付に入ってなかったよ」

「そうだ、お前の言うとおりだ。長者番付には載っていない。それでも、私たちは一年間の収入だけで、それらの長者番付に並んでいる輩《やから》たちの総資産を超えている。それなのに名前が載っていないのは、財布の中身は見せるべきものではないからだ。息子よ、長者番付に名前を出しているつまらない輩たちの多くは、直接的または間接的に、お前と私の帝国のために働いているのだよ」

「父さんは経営の天才に違いないね。軍事介入することもなしに、これほどの大国が毎年僕たちに献金するようになっているなんて、考えもつかないよ。父さんは、とても壮大な経営戦略を編み出したんだね」

父親は火ばさみを手にとって暖炉の薪を少し動かすと、黙ったまま自分と息子のグラスに軽めのワインを注いだ。そしてワインを一口飲んでから、やっと話を続けた。

「私はいかなる戦略も編み出したりはしていないよ。資金をコントロールできる立場にある私は、命令を下すだけで十分なのだ。遂行するのは他の人たちだ。多くの経済アナリストや各国の政府のブレイン、大統領らはさぞ驚くだろうが、彼らの国の現状は、彼らの行為によってではなく、私の願望によって決まっているのだよ。

政治コンサルティング機関や経済研究機関、分析機関、そして多くの国の政府は、私直属の部署が入念につくり上げた道に沿って、自分たちが寸分の狂いもなく働かされているなどとは思いもしない。ちなみにこの業務を専任させている部署の数は、決して多くはない。例えば、ロシアの社会経済政策と軍事ドクトリンは、四名の心理学の専門家からなるたったひとつの部署でコントロールしている。そして、それぞれの学者には四人ずつの秘書がいるだけだ。また、どんなことを行っているのかを互いにまったく関知できないような構図にしてある。

では、実際どのようにコントロールしているのかをお前に説明しよう。とてもシンプルなものだ。ただし、ジョン、お前はまず、大学教授たちが絶対に教えない、本物の経済の法則を理解しなければならない。そもそも、教授たちはこの法則の存在を知らないのだ。法則は、こういうものだ。民主主義社会の環境においては、すべての国の元首、政府、銀行、大小の企業は、経済ピラミッドの頂点に立ったたった一人の実業家のために働いている。かつては皆が私の父のために働き、今は私のために、そしてゆくゆくはお前のためだけに働くことになるのだよ」

ジョン・ハイツマンは父親の言葉の意味が理解できないまま、彼の顔を見つめていた。もちろん、父親が大富豪であることは知っていた。しかし、彼が話していたことはそんな単純なことではなく、ジョンが継承することになるという超権力についてだった。その並外れた情報の意味を完全に理解することは難しかった。〝自由主義社会の中で、大統領にはじまり独立した法人たる何十万もの大小の企業のすべてが、実質的にはたった一人の人間のためだけに働いているなんて、いったいどういうことなのだろう？　しかもそれが自分の父親だなんて〟。

「私は父からこの話を聞いたとき、すぐには意味を理解できなかった。ジョン、お前もすぐにすべてを飲み込めはしないだろう。だが、これだけは理解するんだ」。父親は続けた。「この世には大富豪と呼ばれる人々がいる。しかし、彼らの上にも、さらに裕福な人がいるのだ。それはつまり、一人の最も裕福な人が存在することを意味する。その最も裕福な人のために、他の大富豪たちは働いているし、その支配下にあるすべての人々も働いているのだ。これが、我われが暮らしている社会システムの法則だ。

発展途上国にたいする無償援助についての協議は、すべてまやかしに過ぎない。一見裕福な国々は、国際基金を通じて発展途上国に貸付け援助をしているように見えるが、実際は、その貸付金に付く大きな利息、つまりしかるべき見返りを途上国から受け取るために援助しているに過ぎないのだ。

例えば、ロシアはＩＭＦ（国際通貨基金）にたいして毎年三十億ドルを支払っているが、これは利息分だけでの金額だ。経済学者の多くは知っているが、ＩＭＦの資金源は主にアメリカの資本が占めている。学者たちは、貸付にたいする巨額の利息がアメリカに流れていることを知っている。しかし、具体的にどこに流れているのかまでは、誰も知らないのだ。アメリカは資本を使ったゲームが行われる際に隠れ蓑《みの》となる都合のいい国に過ぎない。そして、ことのほか資本に依存している国だ。ジョン、お前はアメリカが巨額の国債を抱えていることを知っているかい？」

「ああ、知ってるよ。去年の国債の総額とそれにたいして支払われる利息は天文学的な数字になっていて……」

「つまり、他の国々にたいして貸付を行っている国自身が巨額な借金をしている、ということはわかるね？　では、誰から借りていると思う？　私が何を言わんとしているのかわかるかい？」

「自国の中央銀行じゃないの？」

「その中央銀行は誰のものだ？」

「それは……ええと……」

ジョンはこれまで一度もアメリカが誰に借金をしているかなど、考えたこともなかった。しかし父親の質問に答えているうちに、突如理解した。〝アメリカでは、国民が支払うすべての税金は、中央銀行に集められる。しかし、アメリカの中央銀行は民間の銀行だ。だとすれば、アメリカ全土がどこかしらの私企業または個人にたいして何千億ドルも支払っていることになる……〟。

ジョン・ハインツマンは、これまでの人生において一度もあくせく働いたことがなかった。いわゆる健康的な生活を送り、酒も飲まず、煙草も吸わず、健康によい食事の決まりを守り、日課として、自宅のジムでトレーニングを続けてきた。しかし半年前に、トレーニングするのをやめてしまった。この半年間、彼は広々とした寝室にある超最新の医療機器に取り囲まれたベッドの上にいた。隣の部屋では、医師が交代で二十四時間待機していた。しかし、ジョン・ハインツマンは現代医学を信用していなかったため、医師たちと話をする必要はないと考えていた。唯一、心理学の教授だけには、短い返事を返すことにしていた。医師の名前に関心がないハイツマンも、この教授のことは、彼専属の医師団の中で最も誠実で公正であると心の中で評価していた。この心理学の教授はよく喋る男で、医学的に証明できることがらと推論を交えた話には、ハイツマンの疾患の原因を探し当てようとする熱意が込められていた。あるとき、教授は彼の部屋を訪れるや否や、興奮した様子で話をはじめた。

「あなたの病状について、昨晩から今朝までずっと考えていたのですが、どうやらご病気の原因を解明できたようなのです。そうとなれば、原因を除去し、最短の期間で回復できる方法をお話しできます。ああ、お許しください、ハイツマン様、ご挨拶もしないままで。ごきげん麗《うるわ》しゅう、ハイツマン様。私は自分の考えに少し夢中になってしまいましたね」

億万長者は、他の医師にたいするのと同じように、挨拶には応えず、教授の方を向くこともなかった。それはどの医師にたいしても同じだった。

億万長者は部屋に入ってくる医師にたいしては、時おり軽く手首を揺らすしぐさで、〝あっちへ行け〟という合図をしていた。このときは教授にその合図が送られなかったので、教授は興奮したまま自分の見解についての話を続けた。

「他の医師たちは、肝臓と腎臓と心臓を移植する必要があると診断していますが、私は賛成しません。確かに、今あなたの臓器は十分に機能しておりません。そのとおりでございます。十分に機能していない！　これは事実です。しかし臓器を移植したとしても、今と変わらないでしょう。臓器の機能不全の原因は、あなたの深刻極まりないうつ病にあるからです。さようでございます、うつ病なのです。私はあなたの診察記録を何度も読み返しました。そしてどうやら私は、この上なく重要な発見をしたようなのです。あなたの主治医のおかげです。彼はすべてを事細かに記録していましたから。毎回あなたの精神状態についても記載していたのです。あなたの内臓の働きは、あなたがうつ状態に入ったと同時期に悪くなっていたのです。さようです、うつ状態でございます……。

そうなると、主たる問題は、内臓の働きが悪いことがうつ病を誘発しているのか、それとも逆にうつ病が全臓器の働きを悪くしているのかということです。私は確信しました！　絶対的な確信をもって、うつ病こそが不調の根源であると言えます。さようです。あなたは極度のうつ病なのでございます。

うつ病は人間が何かの目的に向かって突き進むことをやめ、周囲の出来事への関心を失い、存在意義を見いだせないときに現れる症状です。すると、脳がすべての臓器にたいして出す指令が不活発で弱々しいものになります。すべての臓器にたいしてそうなるのです！　うつ状態が強ければ強いほど、指令は弱くなり、そしてうつが一定のレベルに達すると、脳は指令を出すことを完全にやめてしまい、死が訪れるのです。

このように、あなたの不調の根源はうつ病ですが、それを完全に取り除く方法は、現代医学にはありません。そこで、私は民間療法を調べてみたのです。その結果、今や確信を持って言えます。あなたのこの上なく深刻なうつ病の原因は、邪気です。さようです。より正確に申しますと、誰かがあなたを呪ったということなのです。そして私には、多くの事実からこれを立証する用意もございます」

億万長者は〝あっちへ行け〟の合図をしようとした。ハイツマンは、古代の秘儀を伝授されたなどと謳《うた》い、祟《たた》りや悪魔祓《ばら》い、結界を張るなどといった似非《えせ》治療師たちが嫌いで、そういった人たちのことを卑しいビジネスマンまたはペテン師だと考えていた。

〝どうやらこの教授も、現代医療の無力さからか、似非治療師と言われる部類へと転落してしまったようだ〟

億万長者が〝あっちへ行け〟の合図をしようとすると、教授は、わずかではあったが億万長者の興味を惹く言葉を続けた。

「あなたが今、私を追い払おうとしていらっしゃるのはわかっております。もしかすると二度と現れないようにとおっしゃるかもしれません。お願いです。どうか、私にあと五分か六分だけお時間をください。これからお話しすることをご理解いただければ、あなたは回復できるかもしれませんし、一方私は、この上なく偉大な発見をするかもしれないのです。いや、私はすでに発見しており、あとは最終的な裏付けを取るだけなのです」

億万長者から〝あっちへ行け〟の合図は出なかった。

身動きせずベッドに横たわるハインツマンの手を、教授は瞬きひとつすることなく、三秒間見つめた。そして合図が出ないことを確認すると、話の先を続けてもよいのだと理解し、再び早口で話しはじめた。

「人々は、無関心、愛情、憎しみ、妬み、恐れ、尊敬などの念を抱きながら相手を見ています。つまり、表情だけが中心的な役割を担っているのではないのです。ウエイトレスや販売員のように、上っ面の笑顔はつくれるかもしれませんが、重要なのは人が相手にたいして抱いている本心であり、本当の気持ちです。向けられる気持ちや感情がポジティブであればあるほど、ポジティブなエネルギーがその人の内に蓄積していきます。逆に、周囲でネガティブな感情が優勢であると、その人にはネガティブなもの、破壊的なものが蓄積されていくのです。

民間ではこのことを〝呪い〟と呼び、霊媒師はこの現象にたいする活躍の場を持っています。彼ら全員がいかさま師だということは決してありません。そもそも、周囲の人たちから、すこぶる多くのネガティブなエネルギーを受けてしまったとしても、自分でそれを中和する、言い換えればバランスをとることはできるのです。霊媒師たちは何かしらの行為が邪気を祓うと伝えることによって、依頼者が、自分は清められたと信じる手助けをしているのです。よって、依頼者が霊媒師を信じるのなら、実際に自分の内の、ポジティブなものとネガティブなもののバランスを整えることができます。しかし、信じなければ、それは起こりません。あなたは霊媒師を信じていらっしゃいませんので、あなたには効果がないでしょう。

だからと言って、あなたの内で、身体と精神を破壊するネガティブなエネルギーが過剰になっていないわけではありません。なぜそう申し上げるのか、それは、あなたのような立場の人は、どうしても周囲の人たちから妬みなどの、決して清らかでない感情を抱いて見られてしまうからです。より正確に言うと、憎しみを抱かれることすらあるでしょう。例えば、あなたが解雇したり昇給を認めなかった人間たちによって。多くの人はあなたの力の大きさを感じ、あなたにたいして畏れを抱きながら接していたはずです。

このとおり、こういったものはすべてネガティブなエネルギーなのです。そのエネルギーに釣合を取るためには、ポジティブなエネルギーが必要不可欠です。それは本来家族や親族たちから与えられるものなのでしょうけれど、あなたの前妻たちは皆あなたを裏切ってしまいましたし、あなたには子どもも友人もおらず、親戚とも交流を持っていらっしゃらない。あなたの周りにはポジティブなエネルギーの源がないのです。もちろん、人間は自分の力でも、十分な量のポジティブなエネルギーを自身の内につくりだすことはできます。しかしそのためには、大切にあたためている夢や目標を持っていることが不可欠です。と言うのも、夢や目標は、段階的に達成するたびに、前向きな気持ちを呼び起こしてくれるものだからです。あなたは多くのことをすでに成し遂げてしまい、今となっては夢や目標をお持ちではないのでしょう。

そもそも、目標を持つこと、そしてその達成を希求することは、とても重要なのです。私は様々な分野で仕事をしているビジネスマンたちの、身体的および精神的な状態を分析してきました。例えば、生地をこねてパイを焼き、それを売る人間は、自分の稼ぎで必要な品物を手に入れることによろこびを感じ、自分の商売がいっそう繁盛していくことを夢みます。商売が繁盛しないと、現代文明の恩恵を受けられませんからね。他方、巨大な銀行を営む銀行家や巨額の利益を得ている財閥の経営者たちにも、同じように、自分のビジネスを発展させたり、自身の収益を増大させるという目標がありますが、パイを焼いたり売っている人たちと比べると、熱意が低いことがよくあります。

不思議に思うかもしれませんが、実際、彼らの熱意の方が低いのです。なぜなら、彼らの目の前にぶら下げられたご褒美は、パイ売りが感じるほどには魅力的ではないからです。現代文明で大きな報酬とされるものの多くは、彼らにとってもはやご褒美ではなく、ごく日常的にありふれたものなのです。あまり裕福でない人間は、自動車を購入することができたら、満足感を抱くだけでなく狂喜乱舞するでしょう。一方、裕福な人間は、超最新の自動車であってもよろこびませんん。彼にとってそれは些細なことでしかないからです。矛盾しているようですが、事実、裕福であればあるほど、そうでない人よりもよろこびの要因となるものが少なくなるのです。

それから、人間に満足感をもたらす要素はもうひとつあります。それは競争相手にたいする勝利なのですが、ハイツマン様、あなたにはすでに競争相手がいらっしゃらないようにお見受けします。

これらのことが原因で、あなたにはネガティブなエネルギーだけが、かなりの量で作用してしまっているのです。ああ、言い忘れましたが、多量のネガティブなエネルギーにたいして、たったひとつ打ち勝つことのできる強いエネルギー、計り知れないほど強いエネルギーがあります。それは〝愛のエネルギー〟と呼ばれるものです。これはあなたが恋に落ち、相手もあなたを愛している状態で生まれるものです。しかし、残念ながらあなたの周りには女性がいませんし、それに、あなたも興味を失ってしまっているようです。そして、あなたのご年齢とお身体の状態では、もう興味を抱くことはないようにお見受けします。

私のこの推論を裏付ける証拠ならたくさんあります。私は裕福な人々や、大きな権力を持つ政治家たち、そして大統領らの寿命の統計データを、過去百年分比較してみました。その結果、私の推論はより信憑性《しんぴょうせい》を帯びました。一般の人々の寿命に比べて、この世の権力者たちの寿命は短くなりがちなのです。

矛盾しているようですが、これも事実なのです。常に医療の庇護《ひご》のもとにある大統領や億万長者は、最先端の医療技術や薬を利用することが可能でありながら、また質の高い食品だけを食べることが可能でありながらも、他の人々と同じように病気になり、死んでゆくのです。周囲のネガティブなエネルギーというものがいかに強力であり、超最新の医療でさえも抗うことができないものだということを、この事実がはっきりと証明しているのです。

では、この状況に出口はないのでしょうか？　いいえ、あります。ほんの小さな、そして唯一の出口ではありますが、確かにそれはあるのです！　そうでございますとも、あるのです。それは、思い出です！　尊敬するジョン・ハイツマン様、どうぞご自身の人生のあらゆる場面を思い出してみてください。あなたに心地よい感覚をもたらした場面です。

そして最も重要なことは、もしあなたが誰かに固く約束をしていながら、遂行していないものがあるのなら……そしてそれが遂行可能なものでしたら、今その約束を果たしてください。お願いです、ご自身のため、そして科学のためにも、二、三日だけでいいですから、ご自身の人生で心地よかったことを思い出してください。ここにある最新医療機器は、あなたの臓器の働きを毎分記録しています。私がお願いしていることを実行してくだされば、そして機器が良好な結果を示しさえすれば、健康の回復に向けた道が見つかるチャンスになるのです。さようです、見つかるのです！　私が必ず見つけます。もしかしたらあなたがご自身で見つけるかもしれません。あるいは、回復の道がおのずと開ける……いや、あなたの命が回復の道を見いだすでしょう」

教授は黙り込むと、身動きせずにベッドに横たわる億万長者の手を見た。一秒後、彼のお得意のジェスチャーが教授を退室させた。

＊＊＊

ジョン・ハイツマンは、多くの人々と同じように、これまでの人生を思い出していた。教授の話には、妙に納得できるところがあった。自分にも過去のよい瞬間を探す努力はできるし、もしかしたらそれらが本当によい作用をもたらすかもしれない、とジョンは考えた。しかし問題は、まさに、彼の人生での思い出が心地よいものではなく、面白みのない、無意味なものに感じることだった。

ジョンは父の勧めにより、とある億万長者の娘と結婚し自身の帝国の資産を増強した。しかし、その結婚は彼によろこびをもたらすものではなかった。妻は不妊症であることがわかった十年後に、麻薬の過剰摂取で死んだ。その後、ジョンは彼のことを熱烈に愛しているように思えた有名な若いモデルと再婚した。しかしそれもつかの間、そのたった半年後に、ボディーガードが彼の目の前に、妻が昔の恋人とよろしくやっている写真を差し出してきた。ジョンは彼女と話し合う代わりに、ボディーガードに、今後一切彼女が目の前に現れることがないよう、そして今後一切彼女を話題に出さないように命じ、婚姻関係を終わらせた。

ハイツマンは、父親から帝国の事業を受け継いだところまで記憶をさかのぼってみた。しかし、心地よいと感じる思い出は見つけられなかった。

それでもひとつだけ気分のよい瞬間はあった。それは彼が父親に、通貨基金に関しては彼ら親子がもはや独裁的な所有者でいる必要性がないことを証明して見せたときだった。自分の資産を増やすために基金に出資する者たちは、基金全体の資本が増えるようにエネルギーを費やして自ら考えるはずなので、おのずとハイツマン家のために働くことになるだろう、と。

彼の父は数日間考えを巡らせた後、ある日の食事の席で、控えめに褒めて言った。

「基金の話だが、ジョニー、お前の提案に賛成だ。間違いない。でかしたぞ。他の事業についても深く考えてみなさい。そろそろお前に舵取りを任せてもよさそうだな」

ジョン・ハイツマンは、そこからの数日間を意気揚々と過ごすことができた。その後も、ジョンの英断は幾度も彼の金融帝国の収益を増大させた。しかし、こういった出来事は、もはや彼に特段のよろこびを感じさせるものではなくなっていた。

これまでにない大きな収益の数字が書かれた報告書を見ても、彼によろこびの感情が湧き起ることはなかった。褒めてほしいと思う相手はもういなかった。父親はこの世を去ってしまったし、部下からの称賛もよろこびをもたらすものではなかった。

ジョン・ハイツマンの追憶はさらに幼少期までさかのぼっていった。彼の意識はおぼろげに流れ、数少ない父との交流の場面を映し出していた。その中には、厳しかった父が、子守りや家庭教師たちの前であっても構うことなくジョンに忠告を与えていた場面もあった。

すると突然、身動きひとつしない億万長者の横たわる体に、まるで波のようなぬくもりが押し寄せ、彼はその心地よさに身震いした。そしてハイツマンの追憶の中に、とても明るくて鮮明な光景が出現した。それは庭の片隅にあるアカシアの枝に囲まれ、ひとつ窓が付いた高さ二メートルほどの小さな家だった。

不思議なことに、子どもというものは、自分の小さな家、自分だけの空間をつくることに憧れるもので、それは、家に自分だけの部屋を持っている子どもにも、そうでない子どもにも同等にある。必ずと言ってよいほど、ほとんどの子どもに、自分だけの空間を自ら築こうとする時期は訪れる。そしておそらく、人間の遺伝子に保存されている古代の情報が、〝自分の空間を築け〟と言い聞かせているため、人間は、特に子どもは、魂の深淵《しんえん》で永遠に備わるものが呼び起こす声に従い、それを築きはじめる。そして現代的なマンションほど洗練されていなくとも、自らの手で築いた空間の中でこそ、人はどんな豪華なマンションにいるときよりも大きな心の安らぎを得る。

それは、豪華なヴィラに自分のための広い部屋を二つも与えられていたジョン・ハイツマンにとっても、例外ではなかった。

九歳のジョンはプラスチック製の連結育苗ケースで家をつくることにした。そのケースは家をつくる素材としてちょうどよかった。様々な色があったので、ジョンは青いケースを使って壁をつくり、その周りに黄色いケースでふち飾りをつくった。壁は、ケース同士を溝の部分でぴったりと合わせてひとつに組み立てた。また、家の内側にたくさんの棚ができるよう、壁面のひとつはケースを横向きに積み重ねた。屋根には平たい板を使い、その上にポリエチレンのシートをホチキスで止めて張り付けた。

ジョンは毎日外で過ごすための時間として割り当てられていた三時間をすべて使って、まる一週間家づくりに没頭した。作業開始から七日目、この時間がくると、幼いジョンはすぐさま庭の片隅にある自分の作品へと向かった。アカシアの枝をかき分け、自分の手でこしらえた家に着くと、彼は驚いて立ちすくんだ。そこには、家の入口に立って彼の作品の中を覗いている幼い女の子がいた。その女の子は、ひざ下まである薄い青色のスカートと、袖にフリルの付いた白いブラウスを着ていて、栗色の髪はカールしながら肩に落ちていた。

ジョニーは自分の大作のそばに立っている相手にむっとし、不服そうに問いかけた。

「ここで何してるんだよ？」

女の子は振り返り、かわいい顔をジョニーへ向けて答えた。

「見とれているの」

「何に？」

「このとってもすてきな、頭のいいお家に」

「えっ？　どんな家だって？」。ジョニーは訊き返した。

「とってもすてきな、頭がいいお家」。女の子は繰り返した。

「家がすてきっていうのはわかるけど、頭がいいっていうのは……聞いたことがないぞ。頭がいいって言えるのは、人だけだ」。ジョニーは思慮深い様子で指摘した。

「ええ、もちろんそうね。頭がいいのは人だけだわ。でも頭がいい人がお家をつくったら、そのお家もやっぱり頭がいいのよ」。女の子は言い返した。

「じゃあ、この家の何が頭がいいって言うんだ？」

「壁の内側がとても頭がいいの。たくさんの棚があるでしょ。この棚に必要な物やおもちゃをいっぱい置けるじゃない」

ジョニーは気をよくした。彼女の見解は彼の自尊心をくすぐった。もしくは、彼は女の子自身のことを気に入ったのかもしれない。

〝かわいくて、賢い子だな〟。ジョニーは心の中で評価した。そして声に出して言った。

「この家はぼくがつくったんだ」

そして続けて問いかけた。

「名前は？」

「わたしはサリー、七歳よ。わたしはここの召使の家に住んでいるの。わたしのパパはここで庭師として働いているの。パパは植物のことをよく知っていて、わたしにも教えてくれるのよ。わたしだってもう、花の育て方や、接ぎ木の方法を知っているわ。あなたは何ていう名前？　どこに住んでいるの？」

「ぼくはヴィラに住んでる。名前はジョニーだ」

「ということは、あなたはこの屋敷のご主人の息子なのね」

「そうだよ」

「ジョニー、このお家の中で一緒に遊ばない？」

「何して遊ぶの？」

「一緒に暮らしているみたいに、大人たちがやっていることを真似するの。あなたはこの屋敷のご主人の息子だから、ご主人さまをやって。わたしは、パパが召使だから、召使をやるわ」

「それじゃだめだよ」。ジョニーは指摘した。「召使は召使の家で暮らすものさ。ヴィラで暮らすのは夫と妻とその子どもたちだけなんだよ」。

「じゃあ、わたしはあなたの奥さんになるわ」。サリーは勢いよく話しはじめた。「ジョニー、ちょっとのあいだ、あなたの奥さんになってもいい？」。

ジョニーは何も答えず家の中に入り、中を見渡してから、外に立っているサリーの方を向いてぶっきらぼうに言った。

「わかったよ、奥さんのつもりで入って来いよ。ぼくはこれから家の中に何を置くか考えなきゃならないんだ」

サリーは家の中に入ると、かわいらしく、歓喜した様子でジョニーの目を見つめた。そしてささやきに近い声で言った。

「ありがとう、ジョニー。いい奥さんになれるように頑張るわね」

ジョニーは自分の小さな家を毎日訪れたわけではなかった。新鮮な空気を吸うために割り当てられた時間のすべてを庭遊びに費やせるわけではなかったし、ボディーガードや家庭教師といった取り巻きを伴って、公園やディズニーランド、乗馬にも出かけなければならなかった。

しかし、ジョニーが時おり庭にある自分の家に行くと、必ずと言ってよいほどサリーがそこにいた。訪れるたびに変わっていく家の様子を、ジョニーは興味深く観察していた。まず、サリーが持ってきた小さなじゅうたんが敷かれ、次に窓に見立てた開口部と家の入口の上部にカーテンが取り付けられた。

その後、子ども用の小さな丸テーブルが運ばれ、写真の入っていない写真立てが置かれた。ある日、サリーが言った。

「ジョニー、あなたはだんだんわたしたちのお家に帰って来なくなったわね。わたしは待っているのに、あなたは来ない。だからあなたの写真をちょうだい。この写真立てに入れておくの。あなたの写真を見ながらだったら、待つのがとっても楽しくなるから」

その後ジョニーが自分の写真を持ってきたのは、彼が小さな家とサリーに別れを告げに来たときだった。それから彼は両親とともに他所のヴィラへと引っ越した。

＊＊＊

途方もない億万長者であるジョン・ハイツマンは、子どもの頃にサリーという少女とのあいだにあったやり取りを次から次へと思い出し、自室のベッドに横たわったまま微笑んでいた。今になってやっと、少女が彼に恋していたのだとわかった。まだ子どもの、心の底から湧き上がる、向こう見ずで見返りのない初恋だった。ひょっとすると、彼も彼女に恋をしていたのかもしれないし、少し気に入っていただけかもしれない。しかし彼女の方は、彼がその後の人生でともに過ごした女性たちの、おそらく誰よりも、彼のことを愛していた。だからこそ、庭にあった二人の小さな家とサリーとのやり取りに関する思い出は、今なお彼の心にあたたかい気持ちを呼び起こしていた。その気持ちは彼の体をあたためため、体調はだんだんとよくなっていた。

あのあと、ジョンはサリーともう一度だけ会う機会があった。それは彼がヴィラを離れてから十一年後のことだった。しかしその再会を思い出したとたん、かつて感じたことのない気持ちが体のすべてを波立たせ、ジョン・ハイツマンはベッドから少し身を起こしたほどだった。心臓の鼓動は早くなり、血液が強く流れ出した。その再会たるや……彼はそのことをすっかり忘れていて、これまで一度も思い出すことはなかった……しかし今は、まさにその再会の記憶が彼の意識を支配し、抗う余地なく彼の心を波立たせた。

彼は十一年ぶりに、少年時代を過ごした領地をほんの一日だけ訪れていた。それ以上は時間が許さなかった。昼食後に庭へ出ると、理由もなく、彼の足は自然と庭の片隅のアカシアの木のあいだにある子ども時代の自作の家へと向かった。枝をかき分けて小さな草地へ足を踏み入れると、彼は驚きのあまり呆気にとられてしまった。そこには、十一年前に彼がプラスチックの育苗ケースで建てた家が、あの時の姿のままで、まったく同じ場所に建っていた。そして驚いたことに、家の周りには満開の花壇と玄関に向かって延びた砂利の敷かれた小道があり、家の前には小さなベンチまで置かれていた。家そのものにも花が咲いているツタが巻き付いていた。

「ベンチなんて前はなかったのに」

ジョンはひとりつぶやき、入口に掛かっていたカーテンを持ち上げると、かがんで家の中に一歩踏み込んだ。

そこには、少し前まで誰かがいた気配が感じられた。小さな机の上には、以前と変わらず子ども時代のジョンの写真が立てられていた。小さな棚にはサリーのおもちゃがきちんと並べられ、そばの棚には、新鮮な果物が盛られた小さなボウルが置かれていた。床には空気で膨らむマットレスが置かれ、カバーが掛かっていた。

ジョンは二十分くらい家の中に立ち尽くし、子どもの頃の心地よい感覚を思い出しながら考えていた。

〝どうしてだろう？　うちは豪華なヴィラや城のような家をいくつも所有しているが、このプラスチックの育苗ケースでできた簡素な家ほど心地よくはない〟

家から出ると、目の前にサリーがいた。彼女は黙って立ち、ジョンに押し寄せている追憶に水を差してよいものか、心を決めかねているようだった。ジョンが彼女に視線を移すと、彼女の頬にぱっと紅が差した。彼女は恥ずかしそうに目を伏せ、耳に快い、やわらかでこの上なく優しい、しかし昂《たかぶ》った声で言った。

「こんにちは、ジョニー！」

彼はすぐに返事をしなかった。彼は、成長したサリーの非常に美しい身体に見とれていた。軽やかなワンピースが身体の線に沿いながら、そよ風に揺れていた。ワンピースは、女性らしく成長した、弾けるような身体の線を映し出していた。

「やあ、サリー」。長引きかけた沈黙を破ってジョンが言った。「君は、あれからずっとこの家を管理していたのかい？」。

「ええ。私、約束したもの。中に果物があるのよ、洗ってあるから、よかったら食べてね。あなたのために用意しておいたの」

「そうか……僕のために……じゃあ中に入って一緒に食べようじゃないか」

ジョンは、カーテンを持ち上げてサリーを先に通した。家に入ると、彼女はかがんで果物のボウルを手にとり、小机の上にある写真立てのそばに置いた。

家には椅子がなかったので、ジョンはじゅうたんの上に座り、ブドウに手を伸ばした。彼の手が思わずサリーの肩に触れると、彼女が振り返り、二人の視線が合った。彼女がはっと息を吸い込むと、はち切れそうだった胸のボタンが外れた。ジョンはサリーの肩を抱き寄せた。すると彼女は抗うどころか、熱く燃える身体を彼にぴったりと寄せた。ジョンがゆっくりと、慎重にじゅうたんの上に寝かせたときも、サリーは抗わなかった。彼女の唇に、胸に優しく触れ、口づけをしたときも。そして……。

サリーはいわゆる〝乙女〟だった……あとにも先にも、ジョンは純潔の女性と親密な関係を持つことはなかった。

そして、この再会から四十五年を経た今、ジョン・ハイツマンは突然理解した。これこそが彼の人生でたった一度の、分別を失うほど突き動かされた、女性との美しい密接なかかわりだったと。より正確には、ただの女性ではなく、〝彼が大人にした〟娘との、本当に美しい、親密なかかわりだったと……。

その後しばらく眠っていた二人は、目が覚めると何かについて話をした。〝何の話だっただろう?〟。ジョン・ハイツマンは思い出そうとして頭をしぼった。会話の断片だけでもなんとか思い出そうと強く欲すると、記憶が戻ってきた。

サリーは、人生がいかに素晴らしいものかを語っていた。父親がお金を貯めて土地を買ってくれる。そしてお金に余力があれば、その土地に小さな家も建ててくれる。自分はそこに景観デザインを施し、様々な植物をたくさん植え、子育てをしながら幸せに暮らすのだと。

その時ジョンは、心の中でサリーを援助しようと決めた。〝驚いたな〟と彼は思った。〝この娘が幸せになるには、わずかな土地と家さえあればいいというのか。なんと安上がりな。彼女が土地と家を得られるよう援助しよう。忘れないようにしなければ〟。

しかし、ジョンは自身が誓ったことを忘れてしまった。サリーのことすらすっかり忘れていた。彼はこの世にあふれる魅力的なものに夢中になってしまっていた。最新のヨットやプライベートジェットは、つかの間ではあったが彼によろこびをもたらしたし、唯一長期にわたって続けた金融ゲームも、彼を夢中にさせた。彼は億万長者の父親の財産をさらに増大させ、後にそれを受け継いだ。そして感情と神経をかき乱し続けるゲームに、二十年以上熱中し続けていた。彼が熱中するこの金融ゲームは、彼にとって他の何よりも大切なことだった。一度目ならず二度目の結婚も、まるで雑事のように過ぎ去っていた。妻たちは、彼に何の爪痕も残さずに去っていった。四十歳を過ぎたとき、彼は金融ゲームでは満足感を得られなくなり、より頻繁に憂鬱《ゆううつ》感に襲われるようになった。そしてその憂鬱感は、深刻なうつ病の発作にもつながっていった。

しかし今、ジョン・ハイツマンの憂鬱感は消えていた。サリーの思い出が彼に心地よい興奮を与えていた。それと同時に、彼は悔やんでもいた。〝なぜこうなってしまったのだ？　サリーに、私を愛してくれた女性に、土地と家を手に入れる援助をすると自分に誓いを立てておきながら、忘れてしまうなんて〟。ジョン・ハイツマンは、約束、特に自分に誓ったことは必ず守ってきた。そんな彼にとって、この後悔をそのままにしておくことはできなかった……彼はコールボタンを押して秘書を呼んだ。秘書が入ってくると、ベッドに腰かけたジョン・ハイツマンが、半年ぶりに、声を絞って話した。

「五十数年前に私はヴィラで暮らしていた。正確な住所は覚えていないが、記録には残っている。そのヴィラでは庭師が働いていた。苗字は覚えていないが、会計書類に記録が残っている。その庭師には娘がいた。名前はサリーだ。彼女が今どこで暮らしているのか探し当ててくれ。遅くとも明朝には情報を持ってくるように。もっと早くわかったら何時でもかまわない、私に知らせなさい。さぁ行くのだ」

夜明けになり、秘書からの電話が鳴った。秘書が仕事部屋に入ると、ジョン・ハイツマンは窓辺で車椅子に座っていた。紺色の三つ揃えのスーツを着込んだ彼の髪は整えられており、ヒゲも剃られていた。

「庭師は四十年前に解雇され、その後間もなく亡くなったようでございます。死ぬ前に、テキサス州にある放棄農場の二ヘクタールの土地を購入したようです。その土地に家を建てはじめたところで無理がたたり、お亡くなりになったようです。その後、娘のサリーが家を完成させ、今もそこで暮らしています。これが住所です。今のところ、これ以上の情報は入っておりません。しかしご命令とあれば、必要な情報をすべて集めてまいります」

ジョン・ハイツマンは秘書の手から書面を受け取ると、注意深く読んだ。そしてその紙を丁寧に折ってジャケットの内ポケットに入れると言った。

「三十分後にヘリコプターが離陸できるように用意してくれ。着陸はテキサスのコテージから五から十キロメートルの地点だ。着陸する場所に車を待機させておいてくれ。車はエグゼクティブクラスにしないこと。護衛は不要だ、運転手だけにするように。さあ行ってくれ」

＊＊＊

午後三時、ジョン・ハイツマンは、緑あふれるコテージに続く砂利道を、細い杖に頼りながら、足を引きずって歩いていた。はじめに彼の目に入ったのは、低い脚立の上に立って窓を洗っている、年輩の女性のうしろ姿だった。ジョン・ハイツマンは立ち止まって、その女性の美しい灰色の髪を見つめた。すると視線を感じた女性が彼の方を向いた。彼女は、小道に立っている老人をしばらくのあいだ注意深く見つめると、突然脚立から飛び降りるようにして、彼のもとへ駆け寄った。その足取りは軽く、年老いた女性にはまったく見えなかった。ジョン・ハイツマンから一メートルほど離れたところで彼女は立ち止まり、昂《たかぶ》った、しかし小さな声で言った。

「こんにちは、ジョニー」

そして言葉と同時に目を伏せ、両手で真っ赤になった頬を覆った。

「こんにちは、サリー」

ジョン・ハイツマンはそう言って黙り込んだ。そして、心の中でこう続けた。〝サリー、きみはなんときれいなんだ。輝く瞳、それにその目元の小じわもなんと麗しい。きみはあの頃のまま、美しくて優しい〟。しかし口から出た言葉はこうだった。

「たまたま通りかかったんだ。君がここに住んでいると聞いたので、訪ねてみようと思ったんだよ。もし邪魔でないなら、泊まっていこうかとも思ったんだが」

「ジョニー、あなたに会えてとっても嬉しいわ。もちろん泊まってくださってよくてよ。私は今、独り暮らしなの。明日から一週間、孫たちが遊びに来るのよ。孫は二人いてね、女の子は九歳、男の子が十二歳よ。さあ入って、ジョニー、煎じ薬を用意しましょうね。あなたに必要な煎じ薬はわかっているの。さあ、行きましょう」

「そうか、結婚してたのか。子どももいるんだね」

「今でも結婚しているのよ、ジョニー。私には息子が一人、孫が二人いるの」。嬉しそうにサリーは答えた。「よかったら庭のあずま屋のテーブルに着いてね、煎じ薬を持っていくから」。

ジョン・ハイツマンはテラスにあったプラスチック製の肘掛椅子に座り、サリーが大きなグラスに煎じ薬を入れて持って来るのを待って尋ねた。

「サリー、君は私に必要な煎じ薬がわかると言っていたが、どうしてだい？」

「私の父はね、あなたのお父さんのために薬草を採って、煎じ薬にしていたの。その煎じ薬がよく効いていたのよ。それで私も薬草を摘むようになったの。私の父はね、ジョニー、あなたにもお父さんと同じ遺伝性の病気があるって話していたわ」

「しかし、私がここに来るってどうやって知ったんだい？」

「知らなかったわよ、ジョニー。もしものときのために摘んで保存しておいたの。ジョニー、あなたはあれからどう暮らしていたの？　今は何をしているの？」

「あれからいろんなことがあった。仕事であらゆることを経験したが、今は思い出したくない。サリー、君の家はいいところだ。美しくて、花がたくさんあって、園もある」

「ええ、いいところよ、私はここが大好きなの。でも右の方を見て。建設がはじまっているでしょう。ゴミ焼却場だそうよ。それにここの左の方にも何かの工場ができるんですって。だから立ち退きを迫られているの。それにしても、あなたは遠くからいらしてお疲れのようね。ひどく疲れているみたい。そうだ、窓際にベッドを用意して、窓を開けておきましょう。そこで横になって休むといいわ。でもその前に、煎じ薬は残さず飲んでくださいね」

ジョン・ハイツマンはやっとのことで服を脱いだ。彼は本当に疲れていた。半年ものあいだ身体を動かさなかったため、筋肉は委縮し、立っているのがやっとだった。彼はなんとかブランケットにくるまると、あっという間に眠りこけてしまった。近頃は睡眠薬を飲まずに眠ることなどできなくなっていたのに、ぐっすり眠ることができた。

翌日、真昼になってからやっと目覚めた彼は、この日の朝の光景を見ることはなかった。彼がシャワーを浴びてテラスに出ると、外の炊事場には、昼食をつくっているサリーと、それを手伝う男の子と女の子がいた。

「グッドアフタヌーン、ジョニー。よく眠れたようね。すごく若返って見えるもの。さあ、孫たちを紹介するわ。これがエミー、そしてこの子がジョージよ」

「私はジョン・ハイツマンだ。おはよう！」。彼は男の子に手を伸ばした。

「これで紹介がすんだわね。私はエミーと一緒にお昼を用意するから、そのあいだあなたたちは庭でお散歩でもして、食欲をつけてきたらどうかしら」。サリーが促した。

「僕が庭を案内するよ」。ジョージがハイツマンに言った。

老人と少年は美しい園を歩いた。ジョージは様々な植物を指さしながら、それぞれの特性について、次から次へと説明を続けた。しかし、ハイツマンは別のことで頭がいっぱいだった。庭の端までくると、少年が告げた。

「このアカシアの向こうに、僕のマンションがあるんだ。おばあちゃんがつくってくれたんだよ」

ハイツマンが枝をよけると、そこには……アカシアの向こうの小さな草地には、あの小さな家が建っていた。それも、あのプラスチックの育苗ケースでできた家だった。当時と異なっていたのは、屋根のつくりと入口のカーテンだけだった。ハイツマンはカーテンを押し開けて少しかがむと、家の中へ足を踏み入れた。中の配置は昔のままだった。しかし、小さな机の上のアクリル製の写真立てに入っていたのは、サリーの孫息子だった。〝これでいいのだ……この家の主《あるじ》が変わったのだから、写真も変わってしかるべきだ〟。ハイツマンは写真立てを手にとると、何か一言言わなければと思い、こう言った。

「ジョージ君、この写真はよく撮れているじゃないか」

「でもこれは僕の写真じゃないよ、ジョンおじさん。これはおばあちゃんが子どもの頃に仲がよくて、一緒に遊んでいた男の子の写真だよ。たまたま僕に似ているだけなんだ」

＊＊＊

ジョン・ハイツマンは庭の小道を、足を引きずりながら杖に頼り、よろめきながらも精一杯の速さで歩いた。

サリーのところまで来ると、息を荒げ、いくぶん支離滅裂になりながら問いただした。

「どこにいるんだ？　君の夫は今どこなんだ、サリー？　どこだ？」

「どうか落ち着いてちょうだい、ジョン。そんなに興奮しちゃいけないわ。どうか座って」。サリーは静かに言った。「ジョン、まだ子どもの頃にね、私は一人のとってもすてきな男の子に、奥さんになるって約束したの。だからそうなったのよ……」。

「しかし、あれはままごとだったじゃないか」。ジョン・ハイツマンは叫び声に近い声を放ち、肘掛椅子から飛び上がった。「あれは子どもの遊びだった！」。

「それでもいいわ。つまり、私はおままごとの中で今までずっと遊んでいるということにしましょうよ。そしてお遊びであなたのことを自分の夫だと思っているの」。こう言って、サリーは静かに付け加えた。「夫であり、愛する人だとね」。

「ジョージは私の子どもの頃によく似ている。つまりサリー、君はあの夜のあと、子どもを産んだのか？　そうなのか？」

「ええ、ジョン、私たちの息子を産んだわ。息子は私に似ているのよ。でもあなたの遺伝子が強く出ているわ。それに孫は、あなたのコピーよ」

ジョン・ハイツマンは、テラスで食卓の用意をしている子どもたちとサリーを交互に見つめると、呆然としてそれ以上何も言えずにいた。彼の頭と気持ちは完全にこんがらがっていた。その後、自分でもわけがわからないまま、彼は厳しい声で言った。

「私には今すぐに行かなければならないところがある。さようなら、サリー」

彼は小道を二歩進むと、振り返り、何も言わずに立ち尽くしているサリーへと歩み寄った。ジョン・ハイツマンは細い杖になんとかもたれながら、サリーの前で片ひざをつき、彼女の手をとると、ゆっくりと口づけした。

「サリー、私にはとても大切な緊急の仕事があるんだ。今すぐに行かなければならない」

彼女は彼の頭に手をおくと、そっと髪をなでた。

「ええ、もちろんよ、大切な仕事、大事な用事なら行かなきゃね。ジョン、もしも大変になったら、うちに来てね。私たちの息子は、『ロータス』っていう美しい名前の小さな会社を経営しているの。景観デザインの会社よ。彼は専門教育を受けていないけれど、私が教えたの。息子はとても才能豊かな設計をするのよ。だからいつだって注文が絶えないの。私にお金の援助もしてくれて、毎月訪ねてくれるの。あなたの問題というのは、きっとお金の問題でしょう？　そして少しの健康問題ね。だったら時間をつくって、ここに来て。ジョン、あなたの体を癒す方法なら知っているわ。それにお金だってあるから」

「ありがとう、サリー……ありがとう……急がなければ！　必ずや……」

彼は自分の計画に没頭しながら出口へと続く小道を進んだ。一方サリーは、遠ざかっていくジョンのうしろ姿を見つめながら、心の中でささやいていた。〝愛する人よ、帰ってきてね！〟。

彼女は孫たちのことも忘れ、一時間経ってもこの言葉を呪文のように繰り返していた。そしてへリコプターが彼女の土地の小さな家と美しい庭の上を三十分以上も旋回していたことに気づかなかった。

＊＊＊

ジョン・ハイツマンを乗せたヘリコプターは彼のオフィスビルの屋上に着陸した。会議室では、トップの前での報告に向け、側近や秘書たちが血眼《ちまなこ》になって数字の確認と準備をしていた。ジョンは長らく会議に顔を出していなかったため、部下たちは今にも到着するトップを、いくぶん恐れおののきながら待っていた。

ジョン・ハイツマンが入室すると、全員が起立した。彼は自分の肘掛椅子へたどり着く前に話しはじめた。

「座ってくれ。何の報告もいらない。一切繰り返さないので注意深く聞くように。時間がないのだ。いいか、テキサス州にとあるコテージがある。これがその住所だ。このコテージの周囲半径百マイルの土地をすべて買収する。その範囲にある工業団地もすべて買収する。たとえ三倍の価格を支払うことになってもかまわない。不動産売買を担当している者は、今すぐにこの部屋を出て仕事に取りかかりなさい。必要であればエージェントを全社動かしてもかまわない。一週間以内でまとめるように」

側近の一人が飛び上がり、急ぎ足で出口へと向かった。

ジョン・ハイツマンは続けた。

「このエリアにあるすべての建物、大小の工場を、一カ月以内に解体すること。解体業者を何百社働かせることになろうとかまわない。そしてその土地に草を植えさせるように」

全体への指示が終わると、ジョン・ハイツマンは最後まで会議室に残っていた一人の側近に言った。

「テキサス州に『ロータス』という美しい名前の小さな会社がある。その会社と五年の契約を結びなさい。そしてその会社に、買収する土地の居住区の設計を委託すること。契約金は、その会社が提示する金額の二倍払うように。首尾よくやりなさい」


二週間後、ジョン・ハイツマンは大会議場に集まった千五百人の前に現れた。彼らは人材エージェントによって集められた景観デザイナー、植物学者、農業技師たちで、全員が仕事をもらうために集まっていた。募集広告には、相場の二倍もの報酬額が提示されていたのだから、当然の人数だった。

ジョン・ハイツマンは壇上に現れ、彼本来のきっぱりとした調子よりも少し厳しい口調で話をはじめた。

「提示した契約内容のとおり、あなた方全員に生涯利用可能な土地を二ヘクタールずつ無償で分配する。複数用意した簡易コテージの中から好きなデザインを選択し、ご希望の区画のご指定の場所に、弊社の負担で建てる。そして五年間は、契約書にある報酬を、各家庭にいる大人の人数分支払う。その対価として、あなた方には、提供した区画の整備をしていただく。つまり、果樹や花を植え、池や小道をつくってもらう。すべてが美しく、優美であること。苗木や種などのあらゆる費用は、あなた方の申請により弊社で負担する。私からは以上だ。質問がなければ、希望者は契約書に署名をするように」

しかし、千五百人も集まったホールは、完全に静寂に包まれた。席を立って契約書を用意している係員のもとへ行こうとする者は誰一人としていなかった。一分ほどの静寂の後、一人の年配の男性が立ち上がり、質問した。

「お聞きしたいのですが、我われが居住するために提供していただく場所は、有害物質で著しく汚染されている土地なのでしょうか?」

「いいえ」。ハイツマンの代わりに、側近の一人が答えた。「この土地はその逆で、自然環境としては最良と言える場所です。作物もよく実る肥沃な土壌です」。

「でしたら、正直に答えてください。御社ではどのような人体実験をしようとなさっているのですか?」。若い女性が勢いよく立ち上がって言った。「ここにいる多くの人には子どもがいます。もちろん、私にも。だから我が子を得体の知れない実験台にするわけにはいかないのですよ」。

ホールがざわめき、「詐欺だ」「非人道的だ」「悪党だ」と大きな声を上げる人が出はじめた。

集まった人々は席を立ち、次々とホールから出て行こうとした。ハイツマンの側近たちは、なんとか説明したり、質問に答えようとしたものの、無駄だった。ハイツマンはなすすべもなく、ホールをあとにする人々を見ていた。彼は集まった人々が出て行けば、彼の望みが消えてしまうことを理解していた。そればかりかもっと悪いことも……彼はどうしてもサリーや息子、孫たちがよろこぶ何かをしたかった。サリーの快適なコテージのそばに、悪臭を放つ工場の煙突など建っていてほしくなかった。彼女には、花々が咲く園と善良な隣人たちに囲まれて暮らしてほしかった。だから彼は土地を買い上げ、煙を吐く工場をひとつ残らず撤去させ、草も植えさせた。しかし、善良な人々がその地にいてこそ、土地は善良なものになる。ジョンの心を知る由もない彼らはホールを出て行こうとしていた。

〝彼らの理解を得ることができなかった。それもそうだ、どう理解しろと、どう信じろと言うのか？　待てよ⁉〟。ハイツマンは突然気づいた。〝彼らは何も知らないのだ、だから信じられないのだ！　しかし本当のことを話したらどうだろう……〟。ジョン・ハイツマンは立ち上がると、静かに、そして自信なさげに話しはじめた。

「みなさん、わかりました。わが社がこのようなことをはじめた動機をきちんとお話しする必要がありますね。しかし説明不能なことなのです。何をどうやっても、説明がつかないのです。というのもこれは、私が……ご理解ください、わが社の動機となったのは……いえ正確には、この契約にまつわるプロジェクトは、私の個人的な要素をはらんでいます。または、何と言えばよいか……」

ハイツマンは混乱していて、話をどう続けていいのかわからなかった。しかし、それでも人々は立ち止まった。彼らは通路や出口のドアの前に立ち止まって、ハイツマンに注目していた。彼らは黙っていたが、当のハイツマンは続きをどう話せばよいかわからずにいた。それでも気を取り直して話を続けた。

「私は子どもの頃……若い頃に……一人の少女を好きになりました。しかしその当時、私は恋をしたことに気づかなかったのです。私は他の女性と結婚し、ビジネスだけに取り組んできました。ですから、その少女とは、五十年間会うことがありませんでした。彼女のことを思い出しもしなかったのです。ですが少し前になって、やっと彼女のことを思い出しました。そして私を心から愛してくれた人は、彼女だけだったということに気が付いたのです。彼女は今もなお私を愛し続けてくれています。しかし私はそんなことなど知らずにいたのです。彼女のことを思い出すことすらなかった。そして今、私が愛した人は、彼女だけだったと気が付いたのです。

私は彼女に会いに行きました。もちろん、今では彼女も歳をとりましたが、私にとってはあの頃のままでした。彼女は園が大好きで、美しい園をつくっています。だから私は、彼女の園の周りも美しくあってほしい、よき隣人たちに囲まれてほしいと思ったのです。善良で幸せな人たちに隣人であってほしいのです。

しかし、どうすればそれが叶うのでしょう？　私はこれまで、ビジネスである程度のお金を貯めてきていたので、土地を買い上げて区画に分けるこのようなプロジェクトであれば、それが可能だと思いついたのです。これは私が愛する女性のためにしたことです。しかし、ともすれば、これは自分のためにしていることなのだろうか……？」

ジョンの最後の言葉は、まるで自分自身に問いかけているようだった。そしてそのあとは、まるで彼の前にいる人々が目に入っていないかのように、独り言のような口調で問答した。

「私たちは何かのために生きている。しかし、何のために？　何かを目指しているが、いったい何を？　私はじきに死ぬだろうが、死んだあとに何が残る？　屍《しかばね》だけだ。だが、私は今死ぬわけにはいかない……自分の計画を実現しないまま死ぬわけにはいかないのだ。愛する人のために、私の死後も永遠に残り続ける園を残すのだ。そう、たくさんの園を……。

当初、私はただ多くの人材を雇ったり、大手の景観デザイン会社と契約を結ぶことだけを考えていました。植物の管理のための契約を結ぼうと。しかし、人が自分で所有するものでなければ、やはり生きた美しさにはならないということに、私は気が付いたのです。だから、人々が自分で所有する形にしようと決めたのです。私はあなた方に土地と家を与え、その代わりに私の愛する人を美しいもので取り囲んでもらおうと考えました。

ですが、あなた方にとっては、契約の条件があまりにも非現実的なので、とても信じられないのでしょう。このような提案をする側にどんな意図があるのか理解できなければ、そう考えるのも当然でしょう。でも、これで意図が明らかになったはずです」

ジョン・ハイツマンは黙り込んだ。ホールにいた人々も黙っていた。静寂を破ったのは、先ほど誰よりも不信を訴えていた女性だった。彼女は、契約書が並べられたステージ前の机に足早に歩み寄ると、係員に彼女の名前を書き入れるよう依頼し、内容も読まずに契約書にサインをした。そしてホールの聴衆を振り返って言った。

「ほら、私はサインしましたよ。私が最初の契約者よ。第一号として歴史に残るわ。みなさんもよく考えてみてはどうですか。どれほどの富豪であろうと、この壇上に立っている方ほど、愛する女性に偉大な贈り物をした人はいませんよ。そして、これ以上の贈り物なんて不可能です」

「人類の全歴史を見ても、これ以上の贈り物を思いつくことはできないわ」。ホールにいた別の女性が大声で言った。

「アイ・ラブ・ユー」。三人目が叫んだ。

「あなたの愛する人の隣の土地がほしいです。彼女のお名前は？」。四人目の女性が問いかけた。

「名前は……」。ハイツマンは名前を言いかけて、こう続けた。「いや、言わない方がよさそうだ。彼女には知られたくありませんから。運命の采配でそうなったのだと思わせておきましょう」。

ホールにいた人々全員が、ひとつの昴《たかま》りの中でステージ前の机へと押し寄せ、あっという間に行列ができた。みんなが嬉しそうに、まさに隣人同士のように冗談を言ったり互いに名乗りあったりしていた。そしてその大半の人々、特に女性たちは、ステージに立つ一人の男を、恋に落ちたかのような輝く瞳で見つめていた。ジョン・ハイツマンは人生ではじめて、たくさんの人の魂から彼に向けて放たれる善なるエネルギー、愛のエネルギー、そして心からの歓喜のエネルギーを感じた。それはいかなる病気をも治癒し、打ち負かすエネルギーだった。ステージから離れるとき、彼はもう足を引きずっていなかった。

その後、彼は数カ月のあいだ、買い上げた土地にあった工場の解体から、サリーのコテージ周辺の居住区の詳細設計、一部の区画の景観デザイン、全体のインフラ整備にいたるまで、活発に参画した。

一年後に彼が再びサリーのコテージの木戸へとやって来ると、視界に入る全方位の隣人たちの広い園には、小さな苗木が植わっていた。そしてサリーの木戸の近くには、根元を丁寧に包んだ苗木が置かれていた。サリーはまるで彼が来るのを感じ取ったかのように、走ってきて出迎えた。

「ジョン、ああすてきだわ、来てくれたなんて！　なんてすてきなことかしら、ジョン、こんにちは！」

彼女は、若い娘のような軽快な足取りで、情熱に燃えた様子で彼に駆け寄った。そしてジョンの腕をとると、今からお茶を飲むのだと言って家の中へ引っ張っていった。そのあいだ片時も黙ることなく、嬉しそうに話し続けた。

「ジョン、聞いて！　うちの周りで奇跡が起こったの！　私、本当に幸せだわ！　信じられないくらい幸せよ。うちのそばにはもう煙突や工場は建たないの。工場じゃなくて善良なご近所さんができるのよ。周囲のすべてが大きく動いているわ！　すべてが素晴らしいの！　ジョン、もしあなたのビジネスがうまくいってなかったとしても、がっかりしないで。すべてを捨てて、ここに来ればいいわ。私たちは裕福になったの。息子がとてもよい仕事を、信じられないくらいよい条件で契約してもらえたんですって。彼は今ここで全体の景観デザインと設計を指揮しているの。それに私たちはもう少し土地を買い足したのよ。そこに息子が自分の新しい家を建てるの。だから、あなたさえよければ、ここに二人で暮らしましょう」

「ぜひそうしたい」。ジョン・ハイツマンはそう答えると、加えて言った。「サリー、一緒に暮らそうと言ってくれてありがとう」。

「どうして、わざわざ古い家で暮らすと言うんですか？」

ジョン・ハイツマンの背後から声が響いた。振り返ると、そこには若い男性がいた。ジョンは、その男性が自分の息子だということがすぐにわかった。若い男性は話を続けた。

「あなたは私の父親ですよね？　写真に写った母の子ども時代の友だちを、あなたがジョージと見間違えたという話を聞いたとき、誰が来たのかピンときたんです。それにうちの母は自分の気持ちを隠す方法を知らないんですよ。

もちろん、僕はまだ、あなたにたいして母と同じような気持ちを感じてはいませんが、両親の幸せのためなら、資金援助をして、新しいコテージを建てる用意はあります」

「ありがとう、息子よ」。ジョン・ハイツマンは昂《たかぶ》った感情を抑えて言った。本当は今すぐ息子に駆け寄って抱きしめたいと思ったが、どうにも決心がつかなかった。すると息子の方が一歩踏み出し、ジョンに手を伸ばして自己紹介をした。

「ジョンです」（＊ロシアや欧米では、父親の名前を長男につけることが珍しくない）

「あら、よかった！　素晴らしいわ、これでもうお知り合いね。お互いのことを知れば、もっと好きになるはずよ。さあ、今からお茶にしましょう」。サリーが言った。

　そしてテーブルでは、サリーが再び興奮しながら、ここ数カ月に起こった不思議な出来事について絶え間なく話し続けた。

「そうなのよ、ジョン、想像できる？　想像してみてちょうだい。ご近所さんが教えてくれたんだけど、この世で一番美しいおとぎ話みたいな話なの。それも現実に起こった話よ。聞いた話によると、ここ一帯の土地は、たった一人の男性が買い占めたんですって。そして、その人は腕のいい景観デザイナーや農業技師、庭師たちをここに呼んで、全員に無償で何ヘクタールかずつ、生涯利用できるように与えたの。その人がみんなに求めたのは、あてがった各々の区画を美しくすることだけなの。そして苗木や種なんかを全部無償で提供したばかりか、彼らが区画の環境を整備することにたいして五年間報酬を払うんですって。信じられる？　お金まで払うのよ。その人は、自分の持てる財産をすべて、最後の一セントまで、このプロジェクトにつぎ込んだらしいのよ」

「どうかな、全部じゃないかもしれないよ」。ハイツマンは異議を唱えた。

「あら、みんなは全部だって言ってるわ。それにね、彼が何のためにこんなことをしたのか、わかる？」

「何のためだい？」。ハイツマンは静かに尋ねた。

「もうそれこそが、この一連の出来事の最も美しいところなの。彼がこんなことをしたのはね、彼の愛する女性に、美しい環境の中で暮らしてほしいからなんですって。彼女もね、景観デザインをしている人なんですって。そしてこの辺りのどこかに彼女のコテージがあるらしいの。でも、彼女が誰なのか、そしてどこに住んでいるのかは誰も知らないの。ああ、ジョン、彼女が誰なのかわかったら、どうなるか想像できる？」

「どうなるんだい？」

「どうなるって、みんなすぐに彼女を見に行って、女神様に触れるみたいに触ろうとするでしょうね。私だって、触れたくなるもの。彼女はきっと、何か類《たぐい》まれなすてきな人なんだわ。すごく美人なのかもしれないし、心が美しい人なのかもしれない。この辺りのみんなが、〝男性をこれほど桁外れで美しい行為に駆り立てることのできる女性なんて、世界中を探しても他にはいない〟って言っているわ。だからこそ、みんながその男性と、お相手のすてきな女性に会ってみたい、さらには触れてみたいとまで願うのよ」

「きっと、そうだろうね」。ジョン・ハイツマンは同意すると、付け加えた。「そうなったら、私たちはどうすればいいんだい、サリー？」。

「私たち……？　どうして？」。サリーが驚いた。

「私たちのことなんだよ。サリー、ここで奇跡を起こさせているすてきな女性というのは、きみのことなんだよ」

サリーは、たった今聞いたことを理解しようとしながら、目を見開いてジョンを見つめた。そして、状況を少し理解しはじめた彼女は、手にしていたティーカップを落とした。カップが割れる音に気を留める者はいなかった。今度は椅子が倒れる音がし、ジョン・ハイツマンが音の方へ振り向くと、息子が勢い余って立ち上がっていた。息子は父親へと歩み寄り、優しいバリトンの声で、感激を込めて言った。

「父さん！　父さん！　抱きしめてもいい?!」

ジョン・ハイツマンははじめて我が子を抱きしめ、彼の心臓の鼓動を聞いた。息子のジョンも父親を抱きしめ、歓喜に震えながらささやいた。

「言葉を使わないこんな愛の告白なんて、世界中で聞いたことがないよ。僕は誇りに思う！　僕はすっかり父さんに魅了されてしまったよ！」

父と息子がサリーの方を振り返ると、彼女は起こっていることを未だ理解しきれずにいたが、突然、彼女はまるで若い娘のように頬を真っ赤に染めた。両目からは涙が流れ落ちていた。涙を流す自分に照れたサリーは、愛するジョンのもとに駆け寄ると、彼の手をつかんでテラスへ連れだした。両親が手をとりあって、二人の子ども時代の家があるアカシアの木の方へゆっくりと歩き、途中から十代の若者のように突然走りだす様子を、息子はただただ眺めていた。

十年後、若返ったジョン・ハイツマンは居住区に住む男たちと一緒に、クラブカフェで談笑していた。

「いやいや、大統領になんか立候補しませんよ。説得したって無駄ですよ。歳だからってわけじゃありません。国を動かすことは、大統領にならなくたってできますからね。自分の園からでも国を動かすことはできます。本物の暮らしというものをどのように築けばよいのかは、みなさんがよいお手本を見せているじゃありませんか。今や全米も、花咲く園へと変貌しつつある。このまま行けば、アメリカもロシアに追いつけるかもしれませんぞ」

「追いつきますよ！　追いつきますとも」。会話に入ってきたサリーが援護した。「でも、そろそろ家に帰ってきてくださいな、ジョニー。あなたがいないと赤ん坊が寝つかないの」。彼女はそう言うと、今度は耳元でささやいた。「私もね……」。

芳香が立ち込める木陰の道を、若々しいジョン・ハイツマンとサリーは手をつないで歩いていた。春になると、彼らはいつも二人の人生がはじまったばかりのような気持ちになった。こうして、アメリカ全土で、人々の本物の暮らしがはじまった。

＊＊＊

「きみの物語は、とても美しいハッピーエンドだね」。アナスタシアが未来についての物語を語り終えたとき、私は彼女に言った。「きみの話は希望を与えるものばかりだ。しかし、現実に同じようなことが起こるんだろうか？」。

「ウラジーミル、必ず起こるわ。これはつくり話ではなくて、未来を投影したものなの。人の名前や起こった場所は重要ではないわ。大事なのは、この話の根底に流れる本質と構想、そして夢！　私の話でポジティブな気持ちが呼び起こされた人々は、未来のために、必ずこれらを投影する。そして多くの人々が各々の詳細を加えながら、偉大な意義を見いだし、さらに意識するようになる」

「どうすればこの物語のすべてが起こるって言うんだい？」

「とってもシンプルよ。あなたは、この話が気に入った？」

「俺かい？　ああ、気に入ったよ！」

「未来がこの物語のようになってほしいと思う？」

「もちろんだ」

「では、あなたがもしこの物語を他の人々に聞かせたら、あなた以外にもこんなことが現実になってほしいと思う人は出てくるかしら？」

「ああ、出てくると思うよ」

「そうでしょう。つまりこの物語を実現させたいと思う人たちは、傍観者ではなく、自分がその紡ぎ手となるの。そうやって物語が現実になっていくの」

「なるほどな、わかる気がするよ。でも、きみがこんなにも美しい情景を、ロシア人ではなく、外国の実業家の話として描いたことは、ちょっと残念だな」

「ウラジーミル、ロシアの実業家たちは、すでに暮らしの中で美しく現実的な情景を描いている。もっと正確に言えば、多くのロシアの実業家たちは、神なる永遠を創造している。あなたもこのことは知っているはずよ」

「俺が？　そうだな、確かに多くのロシア人実業家が一ヘクタールずつじゃなく、何ヘクタールもの土地を得て、祖国の一角を築いているのは知っているよ。きみの話にあったような区画をね。ただし、彼らの物語はそんなふうにロマンチックじゃないけどな」

「神なる永遠を創造しているという自覚をもって大地に触れる人々について、たくさんのページを使って綴《つづ》るべきよ。それに、彼らの物語は書ききれないほどあるのだから。ほら、そのような話がひとつあるじゃない。あなたが知っている人たちも出てくるわよ」

私の天使よ、おまえを誕生させよう

実業家であるヴィクトル・チャドフは、夜明けに目を覚ました。広いベッドの隣では、薄いシーツに端正な身体がぴったりとくるまれた、若い恋人のインガがすやすやと眠っていた。

彼女はパーティーに出かけたり、しゃれたリゾート地のホテルを歩いたりすると、たびたび羨望の眼差しや男たちからの好色の眼差しが向けられるような美女だった。

それだけではなく、隣でチャーミングに微笑んで眠るインガは、出会う人々に、博識で賢いという印象を抱かせる女性だった。ヴィクトルは彼女との楽しい時間をともにするため、新たに4LDKのマンションを購入して、そこに超現代的なインテリアを施すと、インガに鍵を与えていた。そして彼は、多忙な仕事の合間をぬっては、一晩か二晩を彼女とともに過ごしていた。ヴィクトルはこの二十五歳の女性とともに過ごす夜の素晴らしさや心地よい会話について、感謝してはいたものの、結婚までは考えていなかった。彼は彼女に特別な愛情を感じていなかった。それに、ヴィクトルは三十八歳でインガは二十五歳だったため、彼はこのように考えていた。〝若い女性ならば、当然、何年か経てば若い恋人がほしくなるはずだ。彼女の容姿と頭のよさならば、それも当然だろう。彼女は俺よりも若くてもっと裕福な恋人を見つけるはずだ。そして、他ならぬ俺自身がそれをさせてしまうことになるだろう。結婚すれば、俺は彼女を有力なビジネスマンたちの世界に引き込むことになるからだ〟。

ヴィクトルの隣で、夢の中にいるインガが微笑みながら寝返りを打つと、シーツが滑り、彼女の魅惑的で完璧な形をした胸が露《あら》わになった。しかし、ヴィクトルは彼女の半裸体を目にしても、いつものような興奮を感じなかった。彼は眠るインガを慎重にシーツで覆うと、彼女を起こさないように静かにベッドから起き上がり、キッチンへと向かった。そしてコーヒーを淹れて飲むと、煙草に火をつけ、深く物思いに耽ったように彼は広いダイニングキッチンを行ったり来たりしはじめた。

彼は昨夜みた風変わりな夢に動揺していた！　それも頭でではなく、まさに気持ちの面で動揺していた。その夢の中で、彼は新たな商談の妥当性について深く考えながら、木陰の続く並木道を歩いていた。しかし、ボディーガードの存在に苛立ってしまい、彼は思うように集中できずにいた。それに、公園の外を絶え間なく往来する車の音も、彼の集中を妨げていた。しかし突然、ボディーガードたちが消え、車の音もしなくなった。彼の耳には鳥のさえずりが聞こえはじめ、目には並木道の木々の新緑や低木に咲く花々の美しさが映った。彼は心に湧き上がった安らぎの感覚にうっとりとして立ち止まった。それは彼にとってかつてないほどの快い気分だった。するとその瞬間、ヴィクトルは、並木道の遠くから、幼い男の子が自分に向って走ってくるのを見た。男の子の身体はうしろから差す太陽の光で輝いていたため、ヴィクトルには、まるで小さな天使が自分に向ってくるかのように見えた。

次の瞬間、ある考えが頭をよぎった。その男の子は自分の息子なのだと。男の子は、小さな手足を目一杯使いながら、ヴィクトルに向って走った。ヴィクトルはよろこびの感覚とともに、その場にしゃがむと、両手を大きく広げて息子を抱きしめようとした。すると幼い息子も走りながら小さな両手を彼に向って伸ばした。しかし、息子はヴィクトルから三メートルほど離れた辺りで突然立ち止まった。子どもの顔にあった笑みは消え、子どもの目から放たれた真剣な眼差しが、ヴィクトルに強い心臓の鼓動を感じさせた。

「どうした、俺のところへ来るんだ！　息子よ、抱きしめてやろう」

幼子は寂しげな笑みを浮かべて答えた。

「パパ、パパにはね、それはできないんだ」

「どうして？」。ヴィクトルは驚いて言った。

「だって……」、悲しげな声で幼子《おさなご》は答えた。「だって、パパ、生まれていない息子を抱きしめることはできないんだ。パパは、ぼくを産まれさせてくれなかったから」。

「じゃあせめてお前がここに来て、俺を抱きしめておくれ、息子よ。さあ来るんだ」

「生まれさせてくれない父親を抱きしめることはできないんだ」

微笑もうとした幼子の真っ赤な頬には涙が流れていた。そして反対側を向くと、頭を垂れながら、並木道を来た方向へ、とぼとぼと引き返していった。

ヴィクトルはひざ立ちをしたまま、その場から動く気力を失っていた。子どもが遠ざかっていくにつれ、心の中の心地よさや安らかな気持ちが遠のいていった。遠くから、車の唸る音が再び大きくなってきていた。ショックで固まっていたヴィクトルは、やっとのことで力を振り絞って叫んだ。

「行くな！　息子よ、どこに行ってしまうんだ？」

幼子が振り返った。ヴィクトルは、もう一筋の涙が子どもの頬に流れるのを見た。

「ぼくは無に行くんだ。永遠の無に行くんだ」。幼子は目を伏せるとしばらく黙った。そして加えて言った。「ぼくね、パパ、悲しいんだ。生まれることができないから、パパのことを再び誕生させてあげられないんだもの」。

頭を垂れると、小さな天使はヴィクトルから離れていき、間もなく太陽の光線に溶けるかのように消えてしまった……。

夢はそこで終わった。ヴィクトルの内には素晴らしい、安らぎの感覚だけが残っていた。その感覚は、彼にまるで何か行動に移さなければならないような気持ちを呼び起こしていた。

ヴィクトルは三本目の煙草を吸い終えると、何かを決意したかのように素早く火を消し、寝室に戻って大きな声で言った。

「起きろよ、インガ、起きてくれ」

「私、寝てなんかいないわ。ただ横になってまどろんでいただけ。あなたはどこへ行ったのかしらって、考えていたの」。ベッドに横になった美女は答えた。

「インガ、君に子どもを産んでほしいんだ。俺の息子を産んでくれないか？」

彼女はシーツをはねのけると勢いよくベッドから飛び起きた。そして走り寄って彼の首に抱きつくと、美しく弾力のある身体を彼に押し付けながら、燃えるようなささやきで言った。

「一番嬉しくてすてきな愛の告白は、男性が女性に自分の子どもを産んでほしいと言うことだわ。冗談でも嬉しいわ、ありがとう」

「冗談なんかじゃないさ」。彼は断固として言った。

ガウンを羽織りながら、インガが答えた。

「もし冗談でなく、真剣だと言うのなら、よく考えずに決めたものね。私はね、生まれてくる子どもには絶対に父親がいてほしいの。でも、私の大切な、愛するあなたには奥さんがいるわ」

「離婚する」。ヴィクトルは言った。しかし実際のところ、彼は三カ月前に妻とすでに離婚していた。諸々の理由があり、インガにはそのことを伝えていなかった。

「まず離婚してから、子どもの話をしましょう。でもヴィクトル、先に言っておくけれど、あなたが離婚しても、子どもはまだ早すぎるの。第一に、私が大学院を卒業するまでにあと一年かかるわ。第二に、私は勉強することに飽き飽きしちゃったから、卒業したら一年間は遊びたいの。いろんなリゾートに行って楽しみたいわ。子どもは……子どもができると、そういったことが全部いっぺんになくなってしまって、それきりよ」。半分冗談、半分本気の口調でインガは論じた。「わかったよ、冗談を言ったのさ」。ヴィクトルは彼女の反論を遮った。「俺はもう行かなきゃならない。大事な約束があるんだ。もう迎えの車も来るから、じゃあ、またな」。

そう言うと彼は出て行った。しかし、実際には約束などなく、車も呼んではいなかった。ヴィクトルはゆっくりと通りを歩きながら、すれ違う女性たちをじっくりと見定めていた。その眼差しはこれまでになく真剣なもので、彼は自分の子どもを産むのにふさわしい女性、この人となら子どもをもちたいと思える女性を選んでいた。

以前であれば、彼の目を引いていたであろう流行りの豪奢《ごうしゃ》な装いをした女性たちは、即座に脱落していった。そして、ほとんど半裸の、水着姿のような女性や、身体の線を強調するような装いをした女性たちも完全に脱落していった。

〝何のためにそんな服を着ているのか、頭の中がまる見えだ。そのくせ、さも賢そうな表情をしてみせている〟ヴィクトルは心の中で評した。〝あらゆる部位を餌にして男たちを誘って回れば、餌に食いつく奴もいるかもしれない。食いついても、もちろんそれは、決して君との子どもがほしいからじゃない。そんな釣りの仕方は、単にオスを釣るのならいいだろうが、父親となるべき男には効かないぞ。バカ女たち、せいぜい尻を振って歩くがいい。俺はそんなふしだらな女に自分の子どもを産ませはしない〟

次にすれ違った二人の若い女性は煙草を吸いながら歩いていて、一人は栓を抜いたビール瓶まで持っていた。

〝彼女たちは子どもを産むにはまったくふさわしくない。こんな娘との子どもがほしいと思う男は大馬鹿者だ〟

ヴィクトルはすれ違う女性たちを見て気づいたことがもうひとつあった。それは完全な健康体の女性がほとんどいないという事実だった。猫背気味の女性、腹に痛みが刺しているかのような表情の女性、それに明らかに肥満や痩せ過ぎの兆候がある女性たち、というように。

〝いいや、このような女性ではだめだ〟ヴィクトルは思った。〝なんということか。彼女たちは皆、白馬に乗った王子様が現れることを夢みているくせに、そのためにすべき基本的なことすらできていない。自分が健康でなければ、健康な赤ん坊を産むことなどできないというのに〟

ヴィクトルはお抱えの運転手を呼ばずに、トロリーバスでオフィスまで行き、その道すがらずっと女性たちを見つめては、自分の子どもを生んでくれるのにふさわしい女性を物色した。しかし、それは結局徒労に終わった。

この日から、彼は、ランチタイムも含め、一人になれる時間はずっと、仕事部屋で自分の息子を産んでくれる女性について考えるようになった。

時々彼は、まるで自分を産んでくれる女性を選んでいるかのような気にさえなった。そして、最終的にいたった結論は、息子のための理想的な母親は、見つけるのではなく、つくり上げなければならないということだった。〝そのためには、ある程度健康で、好感が持て、不快でない程度の外見を持つ気だてのよい若い女性を見つけ、体質改善のためのあらゆるトレーニングや、最新の教養施設での講習を受けさせる必要がある。そして、そのために最適なのは、出産そのものはもちろんとして、妊娠前から幼児教育にいたるまで体系的な知識が得られる、最もよい教育機関にその女性を通わせることだ〟と彼は考えた。

＊＊＊

終業時間が近づく頃、ヴィクトルは会社の顧問弁護士であるヴァレンチーナ・ペトロヴナを呼んだ。彼は彼女を、人生においてあらゆる経験を積んだ賢い女性として一目置いていた。

ヴィクトルは彼女を肘掛椅子に座るように促すと、遠回しに話をはじめた。

「ヴァレンチーナ・ペトロヴナ、あなたに、いくぶん風変わりな質問をしたいんです。まあ、個人的なことではありますが、私にとっては甚だ重要なことなのです。親戚の女性から、調べてほしいと頼まれたんですよ……。その彼女はもうじき結婚するのですが、子どもがほしいんだそうです。それで私に、妊娠中と出産時、そしてその後の育児のときにするべきことや、父親がすべきことを体系的に学べる教育機関がこの国にあるか、調べてほしいと言うのです」

ヴァレンチーナ・ペトロヴナは注意深く話を聞くと、しばらくのあいだ黙った。そして言った。

「ヴィクトル・ニコラエヴィチ、ご存知のとおり私には子どもが二人いますわ。そして私はいつも出産や育児についての本に興味を持って読んできました。しかし、この国にも外国にも、そのような教育機関があると聞いたことはありません」

「おかしなことだ。あらゆる教育があるのに、最も大切なことを学校でも大学でも教えないなんて！　なぜでしょう？」

「ええ、おかしいですわね……」ヴァレンチーナ・ペトロヴナも同意した。「私もそのように深く考えたことがありませんでしたが、言われてみればこういう状況はおかしいと思えてきましたわ。学校で性教育を行うことについては、国会で検討されているようですが（＊ロシア語原書発行当時）、正しく産み育てるための教育については、何も提起されていませんもの」

「つまり、現状は、各夫婦が自分の子どもで実験しなきゃならないってことですね？」

「そういうことになりますわ。まさに実験ですわね。もちろん、出産時にとるべき行動や、新生児の扱い方といった個別の講習会はあります。でも出産や新生児とのかかわりのプロセスについては科学的根拠がないため、どの講習が実際に役立つもので、逆にどれが有害なものなのかを判断するのは、実質的に不可能なんです」ヴァレンチーナ・ペトロヴナは答えた。

「ヴァレンチーナ・ペトロヴナ、あなたは講習会に行かれたことはありますか？」

「ええ、下の娘のときは、助産師に頼んで自宅のお風呂場で出産することにしたものですから。最近はそうする人も増えました。赤ちゃんにとってこの世に誕生する場所としてより快適なのは、病院より、家族が立ち会える自宅だと考えられるようになってきたんです。新生児は愛をもって接してもらう場合と、病院で事務的に扱われる場合とを感じ分けるとも言われていますわ。病院ではどうしても流れ作業のようになってしまいますもの」

ヴァレンチーナ・ペトロヴナとの会話はヴィクトルに希望を与えるどころか、反対に重苦しい気分にさせた。

彼は時間があるときは常に、子どもの誕生に関する問題について考えを巡らせるようになり、それは二週間ものあいだ続いた。そして街を歩くときや、高級レストランやバー、劇場などに行くときには、相変わらず、値踏みをするように女性たちの顔をじろじろと物色していた。さらには、農村にまで出向いて女性を探すこともあった。しかし結局、彼は自分にふさわしい女性を見つけることができなかった。

ある日、彼はジープで大学に乗りつけ、車のスモークガラス越しに付近を歩く娘たちを観察していた。三時間ほど経った頃、彼の視線は大学の校舎から出てきた、亜麻色の髪をきつく短い三つ編みにしている、すらりとした身体の若い女性に止まった。彼女の顔つきを見て、ヴィクトルは彼女をなかなか賢そうな女性だと思った。バス停に向かう彼女がジープの横を通り過ぎようとしたとき、ヴィクトルは窓を下ろして彼女を呼び止めた。

「お嬢さん、すみません。私はここで友達を待っていたのですが、結局会えなかったんです。市内中心部まで出るにはどの道がいいのか案内してもらえませんか？　もしよければお宅までお送りしますから」

若い女性は見定めるようにジープを見つめ、落ち着いた様子で答えた。

「いいですよ、ご案内しない理由はありませんからね」

彼女が助手席に座ると、二人は名乗り合った。リューシャというその女性は、すぐにヴィクトルの煙草のパッケージを見つけると、指を差して言った。

「いいタバコをお持ちなんですね。吸ってもいいですか？」

「いいですよ、どうぞ」。ヴィクトルがそう答えたときに、タイミングよく彼の携帯電話が鳴りだしたので、彼は内心よろこんだ。電話の内容は取るに足らないことだった。ところが、ヴィクトルは電話を切ると、高級タバコを貪欲に深く吸い込んでいるリューシャに、申し訳なさそうな表情で告げた。

「申し訳ありません。状況が変わってしまいました。大急ぎで商談に行かなければならなくなってしまいました」

タバコを吸い終わったリューシャを車から降ろすと、ヴィクトルは息子を決して煙の害にはさらすまいと誓った。

この二週間、彼は恋人のインガに会わず、電話もしなかった。彼にとって、子どもを産むよりも、ただ楽しんでしゃれたリゾート巡りをしたいだけの彼女は、もはや用のない人間になっていた。

もちろん、ヴィクトルにとって美しくて賢いインガと一緒に過ごす時間はとても心地よいものだった。しかし、今や彼の人生設計は大きく変化していた。〝マンションは彼女にやろう。俺の人生のひと時を彩ってくれたことには変わりないんだからな〟。ヴィクトルはそう決心すると、マンションの鍵一式を渡すために、インガが通っている大学へと向かった。道中、ヴィクトルは彼女の携帯電話を鳴らした。

「やあ、インガ」

「あら、こんにちは」。聞き慣れた声が電話から聞こえた。「今どこにいるの?」。

「君の大学に行くところさ、授業はもうすぐ終わるのかい?」

「私、大学にはもう十日も行っていないの。それに、大学にはもう行かないでしょうね」

「何かあったのかい?」

「ええ」

「今、どこにいるんだい?」

「家よ」

ヴィクトルがマンションに到着し、鍵をあけて中に入ると、ガウンを羽織ったインガがベッドで読書をしていた。そしてヴィクトルに視線だけ向けると言った。

「キッチンにコーヒーとサンドウィッチがあるわ」。起き上がることなく言うと、彼女は再び読んでいた本に視線を戻した。

ヴィクトルはキッチンへ行ってコーヒーを二口すすり、タバコを吸った。そしてテーブルに鍵のセットを置くと、寝室のドアへ近づき、依然として本を読んでいるインガに言った。

「俺はここを離れるよ。長期間、いやもう戻ってこないかもしれない。マンションは君に残していく。さようならだ。自由に、幸せになってくれ」

そう告げるとヴィクトルは玄関へと向かった。インガはドアの前まで来ていた彼に追い付くと言った。

「だめ、ちょっと待ってよ。ひどい男ね」。彼女は落ち着いた口調で言うと、ヴィクトルの袖を引っ張った。

「出て行くのね。私の人生を一変させておいて、今度はさようなら?」

「俺が君の人生を一変させただって?」。ヴィクトルは驚いて言った。「君と過ごした時間は俺にとっては楽しかったし、君にとっても、悪いものじゃなかったはずだ。このマンションはもう君のものだし、きれいな服だってたんまりあるじゃないか。君の好きなように生きればいい。君がしたかったように楽しめばいいさ。それとも金もほしいって言うのか?」。

「あら、あなたって本当にひどい男だわ。まったく、人の真心に唾を吐くようなことを言って。

マンションもきれいな服もあるんだから楽しんで生きればいいだなんて……」

「もういいじゃないか。ごちゃごちゃ言わないでくれ。俺はこれから大事な仕事があるんだよ。これでさよならだ」

そう言うと、ヴィクトルはドアノブに手を掛けた。しかしインガは再び彼の腕をつかんで引き止めた。

「だめよ、愛しいあなた、待ってちょうだい。ねえ、あなたは私に子どもを産んでほしいって頼んだわよね？　そうでしょ？」

「頼んだよ、そして君は断った」

「はじめは断ったわ。でも、そのあと二日間考えて、あなたの申し出を受けることにしたの。大学院はやめたし、タバコもやめて、毎朝エクササイズをしているのよ。それに生命《いのち》や子どもたちについて書かれた本に出会って夢中になってるの。その本を読みながら、どのように子どもをつくるのがいいのかを勉強しているのに、あなたは『さようなら』だなんて。私が子どもの父親としてイメージしているのは、あなただけなのに……」

彼女の話を理解したと同時に、ヴィクトルは衝動的にインガを抱きしめ、「インガ、インガ……」とささやいた。

彼は彼女を抱きかかえると、そのままベッドルームへ移動した。この上なく高価なものに触れるかのように、丁寧な扱いで彼女をベッドに寝かせると、せかせかと服を脱ぎはじめた。横たわるインガをこれまでになかったほど情熱的に抱きしめ、彼女の胸や肩に口づけをし、ガウンを脱がせようとした。しかし急にインガは彼に無言の抵抗を示すと、彼を押し返した。

「どうか落ち着いてちょうだい。そうじゃないの。結論から言うと、今日は、セックスはしない。それに明日も、来月も」。インガが告げた。

「しないって？　君は子どもを産むことにしたって言ったじゃないか？」

「言ったわよ」

「セックスしないでどうやって子どもをつくるって言うんだ？」

「セックスとは全然違う、根本的に異なる方法でなければいけないの」

「どういうことだい？」

「愛しいあなた、説明するわ。でもまずは、これから未来の子どもを愛する父になるあなたに答えてほしいの。あなたはなぜ、自分の子どもに生まれてほしいと思うの？」

「どういう意味だい？」。ヴィクトルは、戸惑いながらベッドに座った。「なぜかなんて、わかったことだろう。それに、他に方法なんてないだろう？」。

「あなたが言いたいことはわかるわ。でもやっぱり確認しましょう。あなたが何を望み、そのために何を選ぶのか。あなたは子どもに、あなたの、もしくは私たちの肉体の快楽の結果として、つまりおまけとして生まれてきてほしいと思う？　それとも、二人の愛の結晶として強く望まれた結果、生まれてきてほしいと思う？」

「おまけとして生まれるなんて、子どもにとっては嬉しくないだろう」

「つまり、愛の結晶として生まれてほしいのね。でも、あなたは私を愛してはいないわ。もちろん、あなたは私のことを好きでしょうけど、それはまだ愛じゃない」

「インガ、君のことはとても好きだよ」

「ほらね、私もあなたのことは大好きよ。でもまだ愛じゃない。私たちは、お互いの愛にふさわしい人にならなきゃいけないの」

「インガ、君はどうやら何か変なものを読みすぎたんだろう？　愛っていうのは……どこからともなく自然と現れる感情だ。そしてどこへともなく去っていくんだ。お互いのことを尊敬し合える仲になろうって言うならわかるが、愛は……」

「でも私たちはまさに互いの愛に値する人になって、愛を獲得しなきゃならないの。それに、私たちの息子も力を貸してくれる」

「息子⁉　やはり君も息子ができるって感じるのかい？」

「できるんじゃなくて、もういるの」

「いるってどういうことだ？」。ヴィクトルは飛び上がった。「つまり、君はすでに妊娠しているのか？　俺には隠していたってことか。本当に俺の子か？　何カ月目なんだ？」。

「あなたの子よ。月齢なんてまだ存在しないの」

「ということは、息子はまだいないんだね？」

「いるの」

「いいかいインガ、俺にはさっぱりわからない。君はなんだかおかしなことばかり言っている。もっとわかるように話してくれないか？」

「やってみるわ。ヴィクトル、あなたは子どもがほしいと思って、その子のことを考えるようになった。それから私も子どもがほしくなって、その子のことを考えはじめた。今や人間の意識が物質であることはよく知られているでしょう。ということは、私たちが意識でイメージしたその子は、存在するということになる」

「じゃあその子は今どこにいるんだ？」

「わからないわ。もしかしたら、私たちが知らないどこか別の次元にいるかもしれないし、どこかの銀河で、星たちのあいだを裸足で走り回りながら、これから自分が具現化することになる青い地球を眺めているかもしれないわ。もしくは今、自分が生まれたい場所やその環境を選んでいて、どうにかして私たちに知らせようとしているのかもしれないわね。あなたには聴こえない？息子のお願いを感じない？」

ヴィクトルはまるで今日はじめて彼女に会ったかのように、両目を見開いてインガを見た。今まで彼女がこのような見解を示したことはなかった。だから、彼女が冗談を言っているのか、本気なのか、彼にはわからなかった。それでも、彼女の『息子は自分が生まれたい場所や環境を選んでいるのかもしれない』という言葉は、彼を深く考え込ませた。

〝人々は様々な場所で誕生する。大抵は病院で誕生するが、飛行機や船、車中の人、自宅の浴槽で誕生する人も一部いる。産まれる場所は妊婦の都合や胎児の健康状態によって決まってしまうが、赤ん坊自身はいったいどこで生まれたいと願っているのだろう？　ロシアだろうか、それともイギリスやアメリカの最高クラスの産科病院だろうか？〟。しかし、ヴィクトルはいずれの選択肢にも特段の魅力は感じなかった。

ヴィクトルの物思いをインガが破った。

「私ね、息子との対面に向けて二人ですべき準備について、きちんと計画を立てたの」

「いったいどんな計画だい？」

「愛しいあなた、しっかり聞いてね」。インガは、これまで一度も見せたことのない断固とした様子で、肘掛椅子に座ったり、部屋を歩き回りながら話した。「まず、私たちは自分の身体を完全に正常な状態にしなきゃいけないわ。私たちは今から、煙草も吸わないし、お酒も飲まない。煎じ薬と断食によって、腎臓と肝臓をはじめとした体内をデトックスしていきましょう。一番いい方法はもう選んであるの。

それから今後は、そして将来もずっと、泉の水だけを飲むことにしたわ。これはとても重要よ。すでに、毎日五リットルずつ届けてもらうようにしてあるの。値段はお店で売られている水の二倍だけど、大丈夫。なんとかなるはず。

あとは、筋肉の強化と血液の流動性を高めるために、毎日トレーニングをする。それと、新鮮な空気やポジティブな感情も不可欠ね。これらは意外と難しいものよ」。

ヴィクトルは、断固たる口調で計画を話す彼女の姿勢に気をよくした。そして彼女が最後まで話し終える前にこう言った。

「一番いいトレーニングマシーンを揃え、腕のいいマッサージ師を呼ぼう。それに運転手に毎日泉の水を運ばせるんだ。新鮮な空気にしたって、森の空気をコンプレッサーでボンベに詰めたものを、ここまで運ばせればいい。そして、マンションでその空気を少しずつ放出させるんだ。ただポジティブな感情というやつは、どうやって手に入れればいいのかわからないな。そうだ、上等なリゾートにでも新婚旅行に行くかい？ そうだ、新婚旅行がいい」

ヴィクトルの気分はますます盛り上がっていった。彼の気分をよくしたのは、インガが彼の子どもを欲して産むことを決意してくれたこと、そしてそれにたいして真剣に、思慮深く向き合っていることだった。また、夢に出てきた未来の息子を産むのが、打算的で軽薄な女性ではなく、子どもにたいして真剣で責任ある態度のインガであることも彼の気分をよくしていた。ヴィクトルは、未来の息子の母となるインガのために、何かよろこばせることをしたくてたまらなくなった。彼は立ち上がると、素早くスーツをはおってインガに近づき、おごそかな口調で言った。

「インガ、私と結婚してほしい！」

「もちろんよ、結婚します」。インガはガウンのボタンを留めながら、ヴィクトルの声のトーンに合わせて答えた。「私たちの息子には正式な両親が必要だもの。ただ、新婚旅行にお洒落なりゾートなんて行かない方がいいわ。それは子どもを産むための私の計画には合わないから」。

「じゃあ何なら合うんだ？　ポジティブな感情はどこで得ればいい？」

「郊外のあちこちの村をまわって、私たちの心に沿う場所を見つけましょう。私たち二人が気に入る場所なら、息子が見ても気に入るはずだから。そこの土地を一ヘクタール買って、あなたが小さなお家を建てたら、赤ちゃんの受胎がそこで起こるようにするの。私は九カ月間、できるだけその場所を離れないように過ごすわ。二人でその土地に果樹を植えて若い園をつくりましょう。私は病院じゃなく、私たちの一族の土地に建てた小さなお家で出産するの」

ヴィクトルはインガの言うことをどうにも信じられないでいた。〝若くて洗練され、あれほど高級クラブや有名なリゾート地が好きだったインガが、これほど劇的に生き方を変えることができるとは〟。驚きを隠せない一方、インガの計画は彼の心をくすぐった。〝これは、彼女が子どものために考えた計画なのだ。それでもやはり、この計画には何か違和感がある。そう言えば、以前知人から、子どもが誕生するための準備について語っている本の存在について聞いたことがあったな〟。ヴィクトルは知人から『一族の書』という緑色の表紙の本をもらい、そこに書いてある、すべての家族が一ヘクタールの土地を所有することの重要性について説明されたことがあった。彼はまだその本を読んではいなかった。しかし、その本のシリーズが社会的大反響を呼び、読んだ人々の生き方を変えはじめていると耳にしたことはあった。

ヴィクトルの視線は、ベッドサイドのテーブルに積み重ねられた、緑色の表紙をした数冊の本のところで止まった。彼が近づいてそのシリーズのタイトルを見ると、『ロシアの響きわたる杉』と書かれていた。そして、その中には『一族の書』もあった。ヴィクトルは、インガが、子どもをつくるための準備の方法や、出産の準備のための一風変わった一連の考えを、これらの本から得ていて、是が非でもそれに従おうとしているのだと理解した。しかし、それが善《よ》いことなのか悪いことなのか、彼にはわかりかねていた。

インガの奇妙な絶対的な確信に、彼は警戒心を覚えた。まるで目に見えない何者かが、彼女の人生の見方や、世界観を変えてしまったかのように感じていた。〝これらの本は、インガを善い方向へと変化させたのだろうか、それとも少し変わった人間にしてしまったのだろうか？〟。ヴィクトルはこの疑問を何度も自問しながら、彼女に反論をはじめた。

「知っているよ、インガ。君はこの本から影響を受けたんだろう。この本のことは聞いたことがあるんだ。このシリーズに魅了される人もいるが、おとぎ話のような、根拠のない内容が多いという人もいる。書いてあることを鵜呑みにしない方がいいかもしれないぞ。考えてもみろよ。俺たちに、どこかの土地を買って、そこに自分で木を植えたりしながら、わざわざみすぼらしい小さな家を建てる必要なんてあるかい？

俺には金があるから、君が望めば、プールや芝生や小道や園なんかが立派に整備された土地に、格好いいコテージを買えるんだぞ」

「もちろん、たくさんのものを買うことはできるわね。お金は偽物の愛だって買うことができるんだもの。でも、私は自分たちの手で園をつくりたいの」

なぜかとても興奮した様子でインガはたたみかけた。

「自分たちの手で！　息子が少し大きくなったら話してやりたいの。『ほら、このリンゴの木、ナシの木、それにサクランボの木はね、あなたがまだほんの赤ちゃんだった頃に私が植えて水をやった木なのよ。あなたのために植えたのよ。あなたがうんと小さかった頃、木々もとても小さかったわ。あなたとともに木々も成長して、今やあなたのために実をつけるようになったのよ。私はね、あなたを取り囲む空間を、この小さな祖国を、心地よく美しいものにしたかったのよ』って」

熱を帯び確信に満ちたインガの言葉に、ヴィクトルは惚れ込んでしまった。人生で、自分のためにそのような園をつくり『これはお前のために植えて育てた木だよ』と言ってくれる人がいなかったことが、彼には残念にさえ思えた。〝もちろんだ、インガは正しい。しかしどうして彼女は、俺の存在に触れないんだろう？〟。ヴィクトルはそう思い、いくぶん気分を害した様子で訊いた。

「インガ、成長した息子へ話す際に、どうして自分だけを登場させたんだ？」

「だってあなたは園をつくりたくないって、さっき自分で言ったじゃない」。インガは落ち着いて答えた。

「『つくりたくない』ってどういう意味だ？　未来のために必要なら、俺だってやるさ」

「すべてを二人で一緒につくるなら、私は息子に『あなたのために、パパと一緒に園に木を植えたのよ』って話すわ」

「それならいい」ヴィクトルは安心して言った。

＊＊＊

二カ月間、二人はすべての休日を使って郊外をまわり、これから自分たちの一族の土地にすべき場所を探した。ヴィクトルにとって土地探しはこの上なく夢中になれるひとときとなり、〝人生において、自分の心が気に入る、すなわち未来の息子も気に入る、世界でたったひとつの場所を見つけること以上に大切なことはない〟と彼は感じていた。

そしてあるとき二人は、都市部から三十キロ離れたところにある、小さな過疎化した村に立ち寄った。

「ここだわ」。先に車から降りたインガが、静かに言った。

「俺もここには何かを感じる」。ヴィクトルも応えた。

数日後、二人は再びその場所を訪れると、界隈《かいわい》を観察したり村人たちと話をしたりして一日を過ごした。その土地は地下水が浅く、土壌がそれほど肥沃でないことがわかった。しかし、それでもヴィクトルの心が揺らぐことはなかった。彼の心の中では、小さな白樺が生えるこの土地が、その上の空や雲が、彼ら二人と息子にとって、さらには二人の孫やひ孫たちにとって、いとおしく大切な故郷であるかのような感覚がどんどん強くなっていた。〝この土地が肥沃でないのであれば、肥沃にすればいいだけさ〟と彼は思った。

彼らはそこに二ヘクタールの土地を購入することにした。購入手続きはそれほど長くかからず、四カ月後には、まるでおとぎ話に出てくるような、小さくてかわいい丸太の家がそこに建っていた。

小さな丸太の家にはサウナやバイオトイレがあり、敷地内に掘られた井戸の水は温水にして利用することもできた。また二階部分は、森と湖の景色が見える快適な寝室になっていた。

家の調度品や土地に植える植物は、すべてインガが計画を立てた。二人はシベリア杉やモミや松を敷地の周囲に植え、小さな果物の苗木も植えた。ヴィクトルは、将来自分の子どもの母になる女性がせわしく家事をしている家、そして未来の一族の土地へと、毎晩急いで帰った。

ヴィクトルの内では、これまで付き合った女性たちの存在が薄れてゆくどころか、単に消えてなくなっていた。インガの一般的でない子づくりにたいする姿勢は、彼に新たな気持ちをもたらしていた。その気持ちが何なのかは彼自身にも完全には理解できていなかった。彼にとっては、一般的に愛と呼ばれるものとは異なる気持ちかもしれなかった。それでも彼は強く確信していた。

〝俺は絶対に彼女を手放さない。彼女だけなんだ〟

彼にとって、ともに未来を構築していける相手は、彼女だけだった。彼らはモスクワで行われた自宅出産の講習会にも、二人で参加した。ただ、たったひとつ、インガの奇妙な振る舞いがヴィクトルを当惑させていた。それは彼女が、『子どもは肉体の快楽の結果ではなく、人間の計り知れないほど大きく、意義深い熱い願いにより誕生すべきである』という本の内容を引用し、彼と肉体関係を結ぶのを断固として拒んでいたことだった。

〝この緑色の本の作者は極端だ。なんたることだろう、肉体の快楽の結果ではない子ども……そんなことが可能なのだろうか？〟

しかし、セックスのことなどみじんも期待せずにいたある晩に、横になりながら未来の息子のことだけを考えていたヴィクトルの手がインガの胸にうっかり触れると、彼女は突然彼にぴったりと体を寄せて抱きしめた……。

翌朝、ヴィクトルはインガがまだ眠っているうちに湖に行った。彼は自分の周囲がまったく異なる、どこか特別で、よろこびあふれる世界になっているように感じた。

ヴィクトルに起きたことは、彼がこれまでインガを含めたどの女性とも経験していないことだった。それは普通のセックスではなく、創造のインスピレーションの高まりそのものだった。

〝人間は生まれて死んでいくものだ。そして普通は、あの夜俺に起こったことを経験することなく、ともすれば人生において最も重要である、ともに創造するということをしないままで、人生を終えてしまう。だが俺は、インガのおかげでこの重要なことを行う機会を人生に見いだすことができたんだ〟

こうしてヴィクトルの心には、彼の人生における唯一無二の女性であるインガにたいする、燃え上がるほどの、新しい気持ちが湧き上がった。

＊＊＊

ごくたまに都市部に出かける以外は、インガは妊娠期間のまる九カ月をその土地で過ごした。ベビーカーやベビーベッドなどをどこに置くかということや、二人のあいだに生まれる幼い息子が遊ぶための小さな芝生をどこに敷くかということはインガが決め、ヴィクトルはそれを実行した。一方で、二人の未来の息子がこの上なく美しい地上の空間に出てくることを待ちきれなかったかのように、出産は予定日よりも一週間早まった。

ヴィクトルは自宅分娩の講習会で情報を得ていたので、出産時に父親が何をすべきかは覚えているはずだった。しかし、実際に彼ができた唯一のまともな行動は、知り合いの助産師と、念のための救急車を呼ぶことだけだった。そのためインガは自分で浴槽に湯を張り、タオルを用意し、お湯の温度を測ることになった。一方のヴィクトルは、自分の重要な仕事は何だったのかを思い出そうとしながらも、結局思い出せずに部屋を右往左往し続けていた。

インガは夫の手助けを期待せず、自力で浴槽の中に入った。激しい陣痛が続く中、彼女はいきむ際に美しい声でよろこびあふれる壮大なメロディーを奏でた。

一方のヴィクトルはついに、講習会で聞いたたくさんの話の中から、ポジティブな感情についての話を思い出すことができた。彼は窓辺の鉢にインガが植えた花が咲いているのを目にすると、それをつかんで風呂場へ走りながら、興奮して繰り返した。

「見ろよ、インガ、君の花が咲いたぞ！　君の花が咲いたんだ！　咲いたぞ、見てごらん」

ヴィクトルが花の鉢を抱えて風呂場の前に突っ立っていると、ついに赤ん坊の小さな体が現れた。

助産師が到着したとき、インガはすでに赤ん坊の小っちゃな体をおなかにのせていた。助産師は鉢植えを持って突っ立っているヴィクトルを見ると、早口で問いかけた。

「何をなさっているんです？」

「息子を誕生させているんです」。ヴィクトルは答えた。

「ああそうですの……」。助産師は落ち着きはらった声で言った。「では、その植木鉢を窓辺に置いてきてくださいな。あと持ってきていただきたいものが……」。

話の途中で外に出て行ってしまったヴィクトルは、家の周りを何度も行ったり来たりしながら思った。

〝すべての男たちに伝えなければ……。

本物の、そして永遠の愛とは、心から待ちわびた子どもを愛する人とともに誕生させたときに、はじめて訪れるものなのだ〟と。

由々しき事態

由々しき事態である。人生は刻々と過ぎてゆくのに、我われは社会構造の本質を知ろうとしないままでいる。社会構造の本質が、人生における主要な問題のひとつであるにもかかわらずだ。この問題はずいぶんと前から私を悩ませてきた。私はアナスタシアに見てもらおうと思い、一族の土地の創設に関する資料や、私が書いたロシア大統領への呼びかけなどの原稿のファイルをタイガに持参していた。

しかし、熟考した結果、アナスタシアにはやはり見せないことにした。彼女をがっかりさせたくなかったのだ。ましてや、妊娠の可能性があるのならば、彼女に必要なのはポジティブな気持ちや感情であり、ネガティブなものではないと考えたのである。

考えた末、私は持ってきた書類の山をアナスタシアの祖父に渡して意見を求めることにした。

「おやおや」、ずっしりと重い書類の束を渡されると、祖父はそう言って、続けた。「なんとまあウラジーミル、君は私に、これを全部読めと言うのかい？」。

「ええ、現在の状況について、あなたのご意見が聞きたいのです」

「何のために私の意見が必要なんだい？」

「これから自分がどんな行動をとるべきかを判断するためです」

「とるべき行動を決めるときには、他人に判断を委ねてはいけないよ」

「つまり、読みたくないとおっしゃるのですか？」

「いや、まあいい、読むとしよう。でなきゃ君がもっと気を悪くしてしまうからね」

「気を悪くなんてしませんよ。でもそれほど不本意に感じていらっしゃるのなら、読む意味もないんじゃないですか？」

「不本意に感じているわけではない。私はただ、無意味なことに時間をかけたくないだけさ」

祖父はシベリア杉の下に座ると、草の上でファイルを開き、ゆっくりとページをめくりはじめた。彼の視線は、時おりどこかのページでじっくり止まることもあれば、一瞥《いちべつ》するだけで次のページへいくこともあった。しばらくして、祖父は言った。

「ウラジーミル、すべての書類にしっかり目を通さなきゃならないから、君はちょっと散歩でもしてきたらどうだね？」

私は祖父から二十メートルほど離れ、そわそわと行ったり来たりしながら、彼が、一族の土地についての資料や読者の文集、私の原稿を読み終えるのを待っていた。ここで、尊敬する読者のみなさまに、その中のいくつかをご紹介しよう。

国家元首たちへの問いかけ

私は尊敬する各国の大統領や首相たちに「国家を実質的に動かし、コントロールしているのはいったい誰でしょうか？」と問いたい。

小学生ですら「国を動かしているのは大統領や政府、国会だ」と答えるだろうから、このような質問は一見おかしなものに感じるはずだ。

しかし、皆が一様にそのように答えるということは、わが国だけではなく、まさに、世界的な規模で集団錯覚に陥っていることを意味する。つまり、一般市民も統治者も、常にこの錯覚の中で生きているということだ。それでも、私たちの世界にたち込めたこの錯覚は、論理的思考をすることによって吹き散らすことができる。いや、そうしなければならないのである。さもなければ、地球に生まれたとしても、人は己の生を謳歌することなく、死に向かっていくだけで人生を終えてしまう。その『人生』すらも錯覚の中にあるのだから。

それでは、さっそくその錯覚を吹き散らしてしまおうではないか！　さあ、まず『国を統制する』とは何を意味するのか、これを定義することからはじめてみよう。『国を統制する』ために重要な、いやもしかすると唯一の行為は、社会で起こっている事象や現象をコントロールすることである。そして私たちは、国を統制するリーダーが大統領であることに何の疑いも持っていない。

では大統領にこう尋ねてみたとしよう。

「大統領殿、あなたはわが国の麻薬中毒者が増えるようにコントロールなさっているのですか?」

大統領はこう答えるだろう。

「いいや、私はそのようなことなどしていない」

「では、売春が急増するようなコントロールは?」

「そんなコントロールもしていない」

「では、汚職や賄賂《わいろ》の増加については?」

「いや、していない」

「国の人口が壊滅的に減っていくようなコントロールは?」

「何を言うんだ、いい加減にしてくれ! 私がそんなコントロールをするわけがないだろう!」

このように、『いやそんなコントロールはしていない』という答えが返ってくるような質問が社会には山積している。しかし、そもそも統治者がこれ以外の答えを返すことはあり得ない。なぜなら、これ以外の答えがあるならば、私たちの統治者は犯罪者だということになるからだ。

すなわち、この社会では、国民一人ひとりの人生に影響をおよぼすほどの大規模な社会的問題が目に見えて横行しているのにもかかわらず、一国の最高統治者や彼を取り巻く大勢の官僚たちはそれをコントロールできていないということになる。しかし、それでは彼らはいったい何をコントロールしているのだろうか？

統治者たちを注意深く観察すると、彼らが無自覚に、また疑念すら抱くことなく、真の支配者を覆い隠すためのコントロールをしていることがわかる。この真の支配者とは、ご理解のとおり、陰に隠れている必要がある人たちのことだ。

ちなみに、いかなる大統領や首相または総理大臣も、一国を支配することなど、理論的にも実質的にもできない。彼らは、他者の意思を無意識に自身のものとして受け入れて発信しているに過ぎないのだ。そしてこれは、例えば科学者や心理学者であれば、科学的根拠にもとづいて立証することができるだろう。

私たちも自分の人生や日々の暮らしを注意深く分析することで、このことを理解できる。

例えば、幼稚園や学校、大学の教育課程で、何者かが私たちの人生に影響をおよぼすことはないと断言できるだろうか？　いや、何者かが望めば、共産主義者に教育することだって、ファシストや、現在の私たちのような民主主義者や資本主義者に育て上げることだってできてしまうのだ。

そしてこの教育という名の洗脳を行うことで、自身に都合のよい思想を反映した社会を推し進めているのである。

『自分自身で現実を見極めなければならない』とアナスタシアは言った。まったくそのとおりである。現実を理解するためには、深く考察することが不可欠なのだ。しかしその一方で、私たちの現在の生き方は、その考察のための時間を与えない。だから私たちは、他者が押し付ける現実をあたかも本物の現実であるかのように見なしてしまうのだ。

それが国家元首ともなれば、一般の人々よりも深く考察するための時間がいっそう限られてしまう。元首の一日の予定は分刻みで決められ、多くの場合、その予定は本人が決めているものではない。

歴史的に見ても、公の立場にある統治者が国家をコントロールすることは不可能だということがわかる。

例えば、これは周知の事実であるが、古代エジプトでは、ファラオを養成する立場にあった神官たちは、ファラオとなった者がこれからどのような決定を下すかということを容易に予測することができた。そして、実際に国がファラオの統治下にあっても、神官たちの指南は続いていた。結局は、ファラオも実質的に他者の意思を表明していたに過ぎないのである。

東洋においても、賢者たちは統治者にうまく取り入り、指南を与えていた。

また、古代エジプトの神官や東洋の王宮付きの賢者たち、そしてわが国のヴェドルシア時代にいた智慧者《ちえしゃ》（＊自然科学の知識を用いて薬草や手技などの民間療法を行い、人々に知識を行きわたらせる役割を担っていた人）たちも、煩わしい国事をしょい込むことなど一切しなかった。彼らの主要な任務は、分析することと、深く思考することだったからだ。一方、現在の統治者や国会議員には、深く分析し、思考する時間がないため、社会で横行している事象や現象にたいして効果的な影響を与えられず、その結果、彼らの権力は失われてしまっているのである。

このことについては、私の知り合いの、国会議員に三選した経験を持つ経済学の教授も認めている。ただし、彼がそれに気づいたのは、代議員の立場を退き、深く思考したり分析をしたりする時間がとれるようになってからだった。

また、誌面によって報じられたスキャンダルもこのことを証明していた。現職の国会議員のグループが、大統領府の副長官から「とやかく言わずにこちらが指示したとおりに動けばいいのだ」という、公平さを欠く指図をされたとして、憲法裁判所に訴えたのである。

非常に逆説的ではあるが、この副長官はひょっとすると、直感的に、誰よりも現状を把握していたのかもしれない。彼にとっては、深く考えることができない騒がしい議員たちに決議がむやみに踏み荒らされるのを目にするよりも、自分だけで首尾よく効率的に決断する方が楽だからだ。そもそもこのような発言がされたこと自体、現在国会に参加している政党が、明確で納得のいく綱領を国民にひとつも示すことができていないという事実を裏付けている。

アナスタシアが世に放った構想にまつわる現状を鑑みても、現存のシステムの中では自立した意思決定ができない、という事実がはっきりと見てとれる。

そもそもアナスタシアの計画は多くの人々に支持されており、ある分析結果によると、その圧倒的大多数が、分別ある生き方を送り、深く思考することを好んでいる人たちなのである。しかし、この国中で、大勢が困難を克服し彼女の構想を実現しようと動きはじめているにもかかわらず、政府レベルにおいては、国民のあいだで何が起こっているのかを正確に認識する能力がないようなのだ。

それだけではない。国民のこの動きを抑えつけようとする動きがあちこちで起こったことによって、ロシアに外国からの圧力が存在することが露見し、国を支配しているのが自国の政府ではなかったという事実まで明らかになったのだ。

もちろん、この抑圧の動きは、古代の神官たちが組んだ何千年にわたって作動し続けるプログラムによるものなどではない。この抑圧の動きは、現代の世界秩序のシステムが、ロシアを西側のための天然資源掘削所または粗悪な製品のための市場として扱った結果生じた、もっと単純で具体的なものなのだ。

この場合の西側という言葉は、ヨーロッパやアメリカの国民を指すわけではない。自身の利益を追求する多国籍企業や金融資本家のグループのことを指している。

この数十年のあいだ、彼らの計画が猛烈な勢いで実現されていることは、私たち全員が認めるところであり、わが国の為政者たちは、それにたいして、優しい言葉で言っても、何ひとつ対抗策を講じてこなかった。これは為政者たちが真の権力を有していないことの、もうひとつの明白な証拠である。

しかし、アナスタシアの構想なら、国家の崩壊と相当な割合の国民の破滅を食い止めることができるのだ。

このように言うと、多くの読者のみなさんから『では、あなたはなぜ、権力も、社会を変える能力もない首脳たちに、わざわざ呼びかけ続けているのか?』という至極もっともなご指摘をいただくことだろう。では、その疑問にお答えしよう。

第一に、私は首脳たちにたいしてのみ問いかけているのではない。まずは誰よりも尊敬する読者のみなさんと努力すれば、私たちが陥ってしまっている現状を理解できるようになるはずだ、という期待のもとに、読者のみなさんにも問いかけているのだ。みなさんが、現在私たちが置かれている状況についてのご自身の解釈を一族の書に記す、という期待のもとに。これは必ず書いてほしい! そうでなければ、好ましくない未来が私たちだけでなく、私たちの子どもたちにも待ち受けることになってしまう。

第二に、私はアナスタシアが『真実が受け入れられないのは、それを理解できるように伝えられない人が悪いのか、それを理解できない人が悪いのか?』と問いかけたのを覚えている。私は、一族の土地を築こうとする人々が国から十分なサポートを得られないのは、私自身にも非があると思っている。結局私はアナスタシアの構想を、国のお役人方に理解される言葉で伝えることができなかったのだから。ロシア語というひとつの言語で書いてはいるものの、どうやら、私が綴った言葉は、あらゆる階級の人々によって様々な受け取り方をされてしまったようなのだ。

つまり、私はお役人方に理解できる言葉を有していないということだ。

大統領府、政府そして国会にいる人たちだって、私たちと同じ人間だ。すべての人々と同様に、彼らにも子どもや妻や孫たちがいて、子どもたちのために明るい未来を願っている。だから、現在の由々しき状況を理解することができれば、彼らは真の権力を見いだして手に入れ、社会にポジティブな発展をもたらすような大きな影響をおよぼすようになるはずだ。それにしても、社会の空《くう》の空《くう》である、この上ない虚しさにとどめを刺すことのできる言葉をどこで見つければいいのだろうか？　いや、なんとしても見つけなければならない！　さもなくば、次なる政治家が現れたとしても、人間の意識を遮断するシステムの中に陥ってしまうだけだ。だからこそ私は、読者のみなさんにお願いしたい。社会のあらゆる層の人々に理解される言葉を、一緒に探そうではないか。

私も、自分のスタンスを維持しながら、大統領と政府に呼びかけてみよう。

ロシア連邦大統領および政府に向けて

大統領殿をはじめとする政府のみなさんが、ロシア連邦国家の統治者として誰よりもわが国の繁栄に関心を寄せていることは、疑いのないことです。あらゆる国のトップが望むように、みなさんも、自身が統治する時代が、国家の繁栄の礎《いしずえ》となった最も輝かしい時代として国民の記憶に残ることを望んでいらっしゃるはずです。

同様に、ロシア中の家族が、自分の人生や暮らしを、人間という存在にふさわしいものにしたいと望んでいます。すべての母親たちは、子どもに幸せな未来が訪れることを夢みており、その夢は、国家が一丸となって彼女たちも善だと信じられる方向へ舵を切ることで叶うと理解しています。

みなさんは、国の研究所、政府、省庁、地方議会が同じ目的のもとで機能すべく尽力なさっていますが、みなさんの心からの願いと努力にもかかわらず、わが国では汚職や麻薬、売春、少年犯罪その他多くの好ましくない事象が発生し続けています。

環境問題や人口問題は複雑化し、家庭崩壊が起こっています。わが国の人口も年々減少しています。国民がまさに途絶えようとしているのです。

みなさんが取り組んでいらっしゃるトップダウン方式による権力強化、国家機関の再編成、軍の改革、経済面でのＧＤＰの倍増といったことは、すべて重要なことです。わが国に関するすべての指標はプラスであり、好ましい動きを示してもいます。しかし、国民がそれを感じることができていないのです。我が同胞、つまり隣人、職場の同僚、親戚、親や子どもたちは、互いを理解することや優しい言葉をかけること、公正さや誠実さ、信頼のもとに人間関係を築くことが難しくなってきていると感じています。明日への不安、我が子の未来への不安が日に日に募っているのです。私はこのことこそが、国家にとっての最も重要な指標だと思います。

犯罪などの好ましくない事象にたいする闘いは活発に展開されてはいるものの、それらは一向に減りません。なぜでしょうか？　なぜ、国民の願いであり大統領が追い求めていることが、現実と一致しないのでしょうか？

今、我われの目の前で展開されている闘いが結果のみにたいするものであり、原因にたいするものではないという真実を、そろそろ直視すべき時がきているのではないでしょうか？　好ましくない事象を展開させている勢力と、社会にふさわしくないイデオロギーがわが国に存在しているという事実を、大統領が公に認めるべき時なのではないでしょうか？　あなたは本職の秘密警察でいらっしゃったのですから、この事実をご存じないはずはありません。

この勢力により、国民は現実を正確に把握できないレベルまで騙されてしまいました。その最もわかりやすい例が広告やコマーシャルです。もはや心理学者だけでなく一般の人々でさえも、集中的で大々的なコマーシャルには、人間の心理に強い作用をおよぼすメカニズムがあることを理解しています。このメカニズムを悪用すれば、多くの国の国民に、健康に有害な食品を食べさせたり、動きづらい衣服を着せたり、特定の政治家に投票させたりすることができてしまうのです。この民衆にたいして強力に作用するメカニズムは、あなた方、つまり国家が規制できるもののようにみえます。しかし本当にそうでしょうか？　決してそうではないのです！　コマーシャルを操っているのは、別の主導者なのです。彼らは、政府がコマーシャルの内容に秩序を与えようとしようものならば、即座に表現の自由の侵害であるとして非難を浴びせます。こういった非難をする人たちこそ、実際には国民に表現の自由を認めていないのです。本当のところ、実際にマスメディアを握っているのは、大資本家たちなのです。

そして、大資本家たちは、「〝みなさんが大好きな〟面白いテレビ番組をつくるための資金は、スポンサー企業から出ているのだ」という恥知らずな説明の裏に隠れ、恐ろしい嘘で全国民を洗脳しています。しかし実は、テレビ局の仕事にお金を支払っているのはコマーシャルを出すスポンサー企業ではありません。彼らは商品価格にテレビやラジオ、公共交通機関や市中での広告費を上乗せしたうえで販売し、購入者から集めたお金の一部をテレビ局に渡しているに過ぎないのです。すなわち、化学的な食品や質の悪い商品を購入しながら、テレビ局の仕事にお金を支払っているのは我われ国民なのです。私たちこそが、凡庸《ぼんよう》で明らかに低俗な番組や、偏執《へんしつ》的に大騒ぎばかりしている原始人のような様を植えつけるドラマにお金を払っているのです。

形象学と国の思想を手にしている者

いつの時代も、国家の思想は、社会に作用するメカニズムであるイメージ、つまり隠された古代形象学によってつくり上げられてきました。立派な科学者たちの中には、そのような学問は存在しないと指摘する人もいるかもしれませんが、形象学は確かに存在するのです。このことは、科学者がそれを信じるか否かではなく、人間の本質から断定できます。人間は思考するようにできており、それがイメージを形成するのですから。

近年、形象学の存在が古代エジプトと結び付けられることがよくあります。歴史を紐解けば、神官たちに創造されたイメージの力によって、植民地からの独立や、権力の掌握が行われていたことが見てとれます。

これと似た知識を、ドイツのヒトラーの秘密諜報部隊や、ソビエト時代のＫＧＢの第一三課も手にしようとしていました。

西洋諸国に続き、今やわが国の政治戦略家たちも、この学問のうちのいくつかの要素を直感的に利用しています。『イメージをつくる』『候補者イメージ』といった表現はもとより『生き方』『考え方』といった言葉も、イメージの科学である形象学があったから生まれたのです（＊ロシア語では前記のすべての言葉に「イメージ（形象）」を意味する単語が含まれる）。

政治戦略家にとっては、候補者がどんな人間であるか、心の中にどんな願望があるか、政治家としてふさわしいかどうか、ということは重要ではありません。政治戦略家たちは、お金やマスメディアを使って、国民が気に入るような候補者のイメージをつくり上げるだけです。そして国民は、その候補者の真の人間性ではなく、政治戦略家によってつくり上げられたイメージにたいして、選挙で投票するのです。そのうちマネキンの代議士や張りぼてでできた大統領に投票するようになっても、おかしくないでしょう。

非常に高いレベルの政治戦略家であれば、最高の技術で、国家や国民全体のイメージを形成することすらできます。

何世紀にもわたる人類の歴史の中で、国がイメージを使って人々をコントロールした例は山ほどあります。『現代の神官』たる高いレベルの政治技術者の行為として、もっとも際立ったわかりやすい例が、わが国でこの百年間に起こった状況と言えるでしょう。

そのうちのひとつが、世界で最も強大な帝国でもあったソビエト連邦の崩壊です。では、ソビエト連邦の誕生そして崩壊の前には、それぞれどんなことが起こっていたでしょうか？

ソビエト連邦ができる前には、まず魅力的な未来が待つ社会主義国家のイメージが創造されました。そしてその後に共産主義国家のイメージが創造され、地主や工場主たちは、労働者の生き血を吸う吸血鬼のような印象を持たれるようになりました。この新しいイメージは、皇帝の君主政治がゆるぎないものと考えられていた当時のロシアで、人々を次第に惹きつけ、同調する人を増やしていきました。そしてこの同調した人々が、君主政治を滅ぼして新しいイメージに従った国家をつくるために、あらゆる道筋を実際に展開させていったのです。

ソビエト連邦の崩壊の前にも、まずソビエト連邦は全体主義国家であるというイメージがつくられ、その後、新しい国家、すなわち西側諸国に倣《なら》った、幸せで自由な民主国家をつくる必要があると議論されました。そして政府や国家の指導者たちにたいしては、国民の首、自由の首を締めつける残忍な人殺しのイメージが創造されました。社会主義的構造は許容しがたく、未来のない行き詰まったものとされたのです。当時の全世代の人々が教育を受けた共産党員のイメージ、そして映画監督や俳優、芸術家たちによってつくり上げられたイメージは、脇へ追いやられました。ではその代わりに人々が得たものは何だったのでしょうか？

その空白を埋めたのは、裕福なビジネスマンやギャング、売春婦、ハリウッドの美女たちのイメージでした。若者たちは、そういった人々の習慣や振る舞いを真似ることを目指し、物質的な充足を豊かさの指標として無条件に受け入れていったのです。誰も、裕福な人たちがどのようにその充足を手に入れたのかということなど、考えもしませんでした。先進的な民主国家の建設の必要性が全国民に向けて声高に宣言されましたが、その一方で、麻薬中毒や膨大な数の汚職、環境汚染、精神疾患、出生率の低下、その他多くの克服しがたい問題が諸外国に存在することについては黙認され、それは今もなお続いているのです。

子どもの未来が見えなければ、女性たちは子どもを産むことを拒みます。

このように、民主主義諸国の国民に明るい未来の見通しがないにもかかわらず、現代の神官たる政治戦略家たちは、頑《かたく》なに民主主義と資本主義だけが社会にとって許容されるべき構造であると人々に見せつけようとしています。なぜか？　現在の民主主義の条件下にある方が、すべてをコントロールしやすいからです。言論やビジネスや選択の自由を盾にすれば、民衆に無用で汚いものを投げつけやすいのです。そしてこういったことは偶然起こるのではなく、計算された上で意図的に行われているのです。彼らは、好感を覚えるイメージを与えておけば、人が自らそのイメージに沿うように変わっていくことを知っているのです。

国全体がこれからどうなっていくのかを知っている政治戦略家たち、つまりロシアにおける社会的大変動の起爆剤となる首謀者を特定することは難しいことではありません。ロシアの価値ある人的資源や物質的資源がどこへ流れ出ていくのかを、じっと見ていればわかるのですから。

一九一七年の革命後、西側へ移り住んだ移民が巨万の富や歴史的な貴重品、そして慣習をロシアから流出させてしまいましたが、最も重大な損失は、人材の流出でした。

ソビエト連邦という帝国が崩壊した後、ロシアで行われた改革と、不自由のない文明国としての魅力的な西側諸国のイメージは、私たちの経済的資源および知的資源を運び去ってしまいましたが、それは今も続いています。

そして最も悲しいのは、私たちのためにつくり上げられたはずの現在の国家像が、国とそこに暮らす国民を滅ぼす使命を帯びていることです。国や国民を滅ぼすのは軍事介入ではありません。それよりももっと大きな力が作用しているのです。作用しているのは、イメージです。それは現代のアナリストにもわかるような組み合わせで構築されています。その組み合わせは決して複雑なものではありません。少し考えてみてください。

私たちは今何を築いているのでしょう？　どこに向かっているのでしょうか？　政治戦略家た

ちは、イメージをとおして『我われは西側のような発展した民主主義国家を築いています。そしてそのような国家が完成すれば、我われは裕福になり、幸せになれるのです』と語ります。しかし当然のごとく、何百万人の同胞たちは、地上にすでに発展した幸せな民主国家があるのなら、今すぐそこへ行く方が簡単であることに気が付きます。こうして何百万人もの国民がドイツやイスラエル、アメリカへと流れていき、今もなお、それらの国に知的および経済的財産を捧げ、それらの国で奴隷になっているのです。これはイメージが作用しているからなのです！

では、ロシアに残った人たちはどうすればいいのでしょうか？

『発展した民主国家を建設し、裕福になる』というイメージのもと、民衆は豊かな暮らしを得ようと、目の色を変えて必死になりました。その結果、どのように裕福になればいいのか、何をすべきなのかわからない道路交通取締官や店の販売員、役場の公務員といった、三千、五千ルーブルばかりの給料をもらいながら右往左往している人々がいる一方で、高級車を乗り回し、豪華なヴィラを建て、高価なリゾートに出かける暮らしを得た、いわばチャンスをつかんだ人たちが現れるようになったのです。

このように、国全体が、店の販売員も客も、交通取締官も公務員も、事務官も兵士も、教師も学生も、すべての国民がチャンスをつかもうと、とりつかれたようにせわしなく働きだしました。さらには、『汚職に身をやつした役人どもを捕まえよう、公安を取り締まる公安が必要だ』というような民衆による自発的な動きさえも展開されたのです。しかし、こういった民衆の姿を見て、形象学を知る者たちは嘲笑っているのです。

まさにここでもイメージが作用したというわけです。それは私たちが、そもそもの原因ではなく、その結果と闘っているからです。イメージは何にも邪魔されることなく、政治家や将軍たち、高級官僚や一般民衆の意識に入り込むことができます。イメージには行く手を阻む国境警備隊も、執務室へのドアも存在しないのです。そしてイメージは、ロシアの辺境の田舎に暮らす娘たちに、さも幸せな暮らしがあるかのように手招きして、海の向こうのキプロスやイスラエル、ニューヨークといった街で売春をさせるのです。この『さも幸せな暮らし』のために、官僚や公務員は賄賂を受け取り、億万長者は犯罪者と契約を結んでしまうのです。イメージとはそれほど強大なエネルギーなのです。それなのに、わが国の政治家たちは『発展した民主国家』『文明化した西側諸国』という言葉を繰り返し唱えながら、国を破壊に導くイメージを強化してしまっているのです。

国民は、政治の中で何かおかしなことが起こっていることを感じていて、だからこそ大統領、あなたが懸命に秩序をもたらそうとしていらっしゃるのを理解の目で見ています。しかし、どうやって秩序をもたらせばいいのでしょうか？　あなたの政権の力を強化するだけでは十分ではありません。あなたは自分の権力が隅々までおよぶようにしましたが、まさにそれによって、国を破壊に導くイメージをも強化してしまったのです。

つまり、あなたは間接的に何千人もの官僚や役人たちの権力を強化したわけですが、その彼らもまたイメージの作用を受けているのです。そのため、彼らは無自覚のまま、イメージにとって、つまりイメージを創造した人たちにとって好都合な活動を展開させられているというわけです。それに加え、「ロシアの運命はすでに決定済だ」と考えるイメージの創造者たちは、もはや抑制の効かない、露骨で厚かましい行動をとるようになりました。自分たちの力を確固たるものにするために、そしてロシアを破壊に導くイメージの力を強化するために、特別な訓練を受けた秘密諜報員たちを送り込んだのです。ロシアの動向を監視しながら、必要に応じて国の思想の構成要素を軌道修正することを任務のひとつとした、特殊な訓練を受けた人間が、ロシア領内で活動していることを、私はここで公言します。そしてこのことは、大統領もご存知のはずです。

この近年のわが国の文学や映画、テレビ番組において、人々を夢中にさせて導き、子どもたちに美しい未来を築く力を与えるようなポジティブなイメージがこれほどまでに少ないのはなぜなのか？　よく考えてみようではありませんか。私たちの世代はまだそういったイメージを覚えており、そのイメージに沿って生きていますが、子どもたちはどうでしょうか？

ハリウッドの美女やマフィアが対決する映画、流血事件のニュースは大多数の需要によるものだと説得されますが、そんなものは嘘です！　人々はそんなものを見たがってなどいません！　すると、「見たくなければ見なければいい、聞きたくなければ聞かなければいい、それは選択の自由である」と言われます。ですが、完全に自由なのかと言うと、そうではないのです。いえ、正確には、少しも自由ではありません。実際には選択の余地などないのですから！　子どもたちにも大人たちにも、ましてや老人たちにも、選択の余地などありません。冷淡で、冒瀆《ぼうとく》的で、無情な人間になって生きていかなければ、この社会では幸福への道が閉ざされるのです。他の道などないのです。あなたの周囲の人々、私たちの周囲の人々も、そうではありませんか？　こういったすべての乱痴気騒ぎは、意図的につくり上げられたものなのです。もうずいぶん前に練り上げられた、特別な、隠された淘汰のメカニズムによるものなのです。ロシアのポジティブなイメージを創造してきた詩人や教育における先駆者、映画や舞台の監督、作家といった人々は、国内で厳しい迫害を受けました。彼らの道はすべて閉ざされてしまったのです。

　西側の諜報機関のこのような働きかけは、セクト集団との闘いにたいしても行われています。これと似た発言は、ロシアの秘密諜報部隊の士官たちだけでなく、社会活動家や政治活動家らの口からも聞くことができます。ロシア連邦大統領府、つまりあなたの政府の高級官僚の口からも聞くことができるのです。例えば、大統領府副長官であるウラジスラフ・スルコフ氏（＊一九九九年以降二〇一〇年二月まで大統領府副長官、ロシア連邦副首相、大統領補佐官などを歴任）は、ある新聞のインタビューでこのように話しています。

> 　ロシアを潜在的な敵国と見なした水面下の闘いが、アメリカ、ヨーロッパそして東アジア諸国において進められている。彼らは、ソビエト連邦の〝解体〟がほぼ無血で行われたことを自分たちの功績と考えており、自分たちが得た成果をさらに拡大しようとしている。彼らの目的は、広大な土地を持つロシアを滅ぼし、そこに活動能力のない多数の似非《えせ》国家をつく

ることである。

ソビエト連邦を崩壊させた勢力が存在するという点だけを考慮しても、この発言は完全に筋がとおっています。また、一定のレベルで勝利を手にした後にも彼らが慢心することなく必ず進撃を続けるということは、ごく自然なことです。

そしてここで特に重要なのは、その事実を断定することではなく、破壊的作用をもたらしている仕組みを理解することです。

ソビエト連邦の崩壊は、武力に訴えた結果ではなく、国民の思想が操作された結果起こったものであることを、私たちはすでに知っています。思想――これこそが、いかなる国家をも滅ぼしたり強固にしたりすることのできる主たる仕組みなのです。そして、人々に作用するよう緻密《ちみつ》に計算された構造を持ち、強固に組み立てられたものであれば、どんな思想であっても大衆を操作することができてしまうのです。そして、わが国にはまさにロシアを操作する目的でつくられたイメージが存在しています。そのイメージは、我われのために、我われによってつくられたものではないのです。そう断言できるのは、その仕組みをとおして起きている結果が、我われのためになるような状況を生んでいないからです。では、我われが創造したイメージはどこへ消えてしまったのでしょうか？　我われは自分でそのイメージを消し去ってしまったのです！

ソビエト時代には、イデオロギーの教育機関や放送中継局、ソビエト連邦共産党中央委員会によるイデオロギーの広報部署、文化省や新聞雑誌の発行機関、他にも文化ホールや文化会館、地区や農村ごとの文化クラブといった、巨大な文化的ネットワークがありました。

こういった施設では、数多くの若き同胞たちが無料で芸術活動をするサークルに参加でき、講義や集会もそこで行われていました。このように、国家が受け入れたイデオロギーが大衆まで届けられ、説明がなされていたのです。

しかし、ペレストロイカのはじめにイデオロギーの転換があり、こういった施設は運営資金を絶たれ、消滅しました。

ハイウェイを運転している時に行き先が間違っていることに気づき、方向転換をしようとしたら、突然乗っている車の部品がどんどん外れて分解してしまう、そんな様子を想像するのは難しいかもしれませんが、まさにこれに似たことがこの国で起こったのです。我われの社会は、行先を間違えていたと判断したとき（もちろん、ある種の勢力が加担しなかったわけではありませんが）、方向を転換したり既存の仕組みや施設を再利用したりするのではなく、それらすべてを破壊してしまったのです。では、その結果どうなったでしょうか?

国民、第一に若者たちの精神的教育については、ロシア正教会が主要な役割を担うだろうと期待されていました。ところが、誰よりもまず教育を受けるべきなのは聖職者たちの方だったと結論づけられるような事実が次から次へと明るみに出てきたのです。

ロシア正教会は、人々の期待に応えて精神面の教育を担う機関としてはかけ離れた、悲惨な状況下にあります。なぜでしょうか？　その理由は単純です。国家の支援によって数年間で二万もの教会を新設することは可能でも、真に人々の心を慰め、教育することのできる精神性の高い聖職者を二万人育成することは、一定の条件と何百年もの時間がないと不可能だからです。

さらに、この支援、つまり国家が新設する教会に注ぐ資金援助や特権は、単に日和見《ひよりみ》主義者やペテン師を引き寄せ、堕落を招くだけなのです。そのような状況下では、精神性を高めた牧師ではなく、ずる賢い人や荒稼ぎできるドル箱信奉者たちが勝利することになります。精神性の高い司祭が指導している教区ではなく、資金援助を受けることができた教区が勝利することになってしまうのです。

信徒たちを惹きつけ、精神性を引き上げるというプロセスは、何年もかかるものなのです。だから、農村の司祭は新しい聖衣を買うことができずに繕って着ている一方で、外国車を乗り回す司祭がいるという状況が生まれてしまっているのです。

すでにロシア正教会が飽くことない金銭欲に襲われてしまったことについて、モスクワおよび全ロシア総主教であるアレクシイ二世も言及しています。二〇〇四年十二月十五日に救世主ハリストス大聖堂で行われたモスクワ主教区集会の毎年の定例会議において、総主教であるアレクシイ二世から次のような発言がありました。

『今日《こんにち》、多くのネガティブな事象を目にする次第となってしまった。つまり、全体的に正教的な生き方が弱まり、正教徒としての暮らしを促すものがなくなり、教会の祈祷式を訪れる信者が減り、若い世代に宗教への関心がなくなってしまった』

『正教的な宗教意識の消滅、教会法規の軽視、精神性のある判断力の喪失といった、警戒すべき兆候があることは、正教徒としての暮らしにおいて、多くのものごとが一段と商業主義の色を強めていることを表している……。現代ではあらゆる生き物や人間の精神をも殺しながら、物質的な関心が最優先されることが一段と多くなってしまった。利益を追求する企業と同じように、教会や寺院が〝教会サービス〟を売り物にすることも珍しくない』

『司祭や教会の聖職者の私欲ほど、人々を信仰から引き離すものはない。金銭欲は忌まわしいもの、死をもたらす魔物、神にたいする唯一の裏切り、地獄の罪と例えられることがあるが、これは決して大袈裟な表現ではない』

この発言の後、総主教は、聖体儀礼の儀式、教会結婚の戴冠儀礼、教会の礼典、聖傳機密《せいふきみつ》（＊臨終の病人の身体に聖油を塗る正教の儀式）、葬儀といった教会の儀式にたいして代金を徴収すること、そして〝教会サービス〟を売り物にすることを禁じました。しかし、教会の従事者たちは、教会の最高位にある総主教による禁止事項だからといって、素直に従うでしょうか？　彼らは最も上位であるはずの神の戒律《かいりつ》をも破っているのですから……。

ロシア正教会とは、ロシアのものか？

それだけではありません。西側の諜報機関は、ロシアの正教会にたいしておそらくは最も強力な破壊工作をしています。そして、もちろん、もしわが国がしかるべき専門官を用意できていたのなら、それを予測し対応することができていたでしょう。社会が改編される前には、必ず思想の操作が先行するということは、わかり切ったことなのですから。では、雇い主の要求どおりロシアを改造しなければならなかった西側の諜報機関に、ロシア正教会という重要な拠点を見落とす可能性はあったのでしょうか？　もちろんそんなミスをするはずはありません！　そんなミスがあったとすれば、プロとは言えません。ましてやその頃のロシアには、思想破壊工作に好都合な条件が揃っていたのですから。当時、内部の再編中だったわが国の諜報機関は、好意的に言っても、組織の解体に伴う抗争で、手一杯だったのです。そしてその解体は今もなお続いていると思われます。

西側の諜報機関がロシア正教会をとおして展開した作戦のすべてをつぶさに取り上げることは不可能ですが、そのうちのひとつについては、社会に大きな爪痕を残しました。その作戦がもたらした破壊的な成果は、聖職者を含む何百万ものロシア人を今でも苦しめ続けているのです。

その破壊的な成果とは、ロシア正教会の傘下に創設された組織が行ったある行為のことです。その組織は、ロシア国内の世俗的、宗教的集団にたいして〝セクト〟というレッテルを貼ることによって、あえてロシア正教会に反感が集まるよう仕向けたのです。

彼ら『反セクト活動家』たちは教会の名のもとで、そして彼らの言葉を借りれば、総主教アレクシイ二世からの承諾のもとで活動をしました。この活動のせいで、洗礼を受けそれまで教会に忠実だった人々や、足繁く教会に通っていた人々さえも、あっさりと首に下げた十字架を外すようになったのです。

つまり、彼らはロシア正教会の名のもとで自らでっち上げた〝セクト〟を摘発して回りながらも、実質的にはロシア正教会に批難が集まるよう画策し、ロシア正教が弱体化していく様子を嘲笑っていたのです。これが彼らのズル賢いところです。こうして、教会は深刻な打撃を受けました。

そして今や『反セクト活動家』は、ロシア連邦国家権力の最高組織をも操作しています。

例えば、私の本にはロシアの美しい未来の構想が書かれており、それを魂と心で受け入れた人々が、あらゆる地域の行政府に、一族の土地をつくるための土地を分配するように願い出ています。

この動きの素晴らしいところは、人々がはじめて、給付金や補助金ではなく、自国の自然の中に小さな一角だけを求めたことです。彼らはそこに、サバイバル生活のような暮らしとは異なる、きちんとした生活環境をつくろうとしているのです。

国民のあいだで生じた気持ちの昂《たかま》りは、手放しで歓迎すべきものに思えます。そしてこの昂《たかま》りは一過性のものではありません。人々の熱慮による恒久的な願いであることが、最近の四年間の動きによって裏付けられているのです。その構想は、学生たち、学者や実業家、教師、医師、年金受給者、軍人、政治家、芸術家、詩人や作家といった、あらゆる階層の国民の心をつかみました。その中には、アカデミー会員や知事、旧ソビエト連邦にあった共和国の大統領夫人までもがいます。

こういった人々により、国内の社会経済問題を解決できる状況が生まれました。人口動態は急速に変化し、食品の安全性や就業率、国民の健康問題も解決できる状況になったのです。そして、それよりも重要なのは、自身の空間を創造する人々は、自分にそのような可能性を与えてくれる国と政府を愛し、それらを強化するために強大な力を発揮するということです。

しかし、それにもかかわらず、ロシアの国民のあいだで生まれたこのよろこばしい希求を、気に入らない人たちがいるのです。

占領者たちの活動

彼ら『反セクト活動家』は、ロシア連邦国家権力の執行機関および地方自治体にたいして、読者たちのことをセクト集団またはテロリストと見なすよう触れまわり、行動を起こそうとする人々、特に農村地域に自身の一族の土地を建設しようとする人々を監視するよう指示しました。

マスメディアにたいしては、ときにジャーナリストを首にするほどの圧力をかけて、一族の土地を行動に移した人々についてメディアで触れないように指示が出されました。メディアで言及する場合は、いわゆる〝ぶっ飛んだ人々〟が、森で昔の暮らしをしようと人々に呼びかけているのだという扱いしかしないように指示が出されたのです。

また、文化施設の職員たちには、私の本やそこに書かれている構想に関するイベントの開催を邪魔するように指示が出されました。

読者たちから私に寄せられるこういった情報から、破壊工作を行うべく、国家や教会組織にスパイを送り込んでいる集団がロシアにいるということが、はっきりと証明されたのです。

これは私だけが主張していることではなく、資料収集の際に知り合った分析の専門家たちも話していることです。

挙げ句の果てには『アナスタシア・カルト』という用語さえ現れました。では、この言葉はいったい何を、そして誰のことを連想させる用語なのでしょうか？　作者の私でしょうか？　『アナスタシア』という名の付いた私の本でしょうか？　本に登場するアナスタシアその人でしょうか？　何百万人もの読者でしょうか？　それとも、ロシアで美しく幸福な暮らしをする構想を実現したいと願う読者たちの希求でしょうか？　きっとこれらすべてのことを表現しているつもりなのでしょう。

国内外で育成された、キリスト教を信仰してもいない最下級の輔祭《ほさい》（＊主教・司祭を奉神礼において補佐する職にある、男性の正教徒のこと）たちがロシア正教会を占領し、国家機関の役人たちに悪影響をおよぼしている姿を見るのは悲しいことです。彼らにとってキリスト教は都合のよい隠れ蓑になっていますが、彼らの行動を見ると、明らかにキリスト教のモラルからかけ離れており、さらにそのやり方は二番煎じです。同じような嘘や暴力というやり方で、古代ルーシの文化は滅ぼされ、国民に無縁だった思想が持ち込まれました。これまでの著書の中で、私がこのことに言及すると、すぐさま私は邪教徒であると非難されるようになりました。しかし、いったいなぜ非難されなければならないのでしょう⁉　これでは、自国の歴史、文化、自分の先祖について知りたいと願うことが非難されているのと同じではないですか。

一方で、とても嬉しく励まされる出来事もあります。彼らの醜悪な行動が、見えない光線で照らし出されるかのような状況が、日に日に増しているのです。彼らの行動が、笑い話とも呼べる状況におかれているのです。あとはご自身でも判断してみてください。

『一族の書』と『家族の年代記』

二〇〇二年に出版社「ディリヤ」から『ロシアの響きわたる杉』シリーズの続編『一族の書』が出版された。その本の中で出版社から「弊社にとって『一族の書』というアイディアは親しみと理解を深めるものになりました。そこで、本書の出版にあたり、読者のみなさまがご自身で家族の年代記を書き込めるタイプの『一族の書』も緊急出版することにいたしました」という情報が案内された。また、続いて二〇〇三年には、「ルスキー・ドム」という出版社からも、ロシア正教のチホン大修道院長を編集に加え『家族の年代記』という同じような本が出版された。

本の冒頭に書かれた応援メッセージの欄には、ロシア大統領V・V・プーチン、そしてモスクワおよび全ロシア総主教アレクシイ二世の言葉が添えられている。

家族の年代記——これは単に数人の人間や一族全員の運命を語るためのものではない。これは国家全体の歴史についての叙述《じょじゅつ》である。ロシアの運命——これは世代から世代へと移り変わってゆく家族の歴史なのである。

家族の歴史を知ることは、自分のルーツや、自分と私たちの偉大な祖国の歴史との強いかかわりをロシア国民の一人ひとりが認識するために、必要不可欠である。

——ロシア大統領　V・V・プーチン

家庭内の雰囲気、親族との関係、先祖についての思い出や子孫の育成……。こういったことのすべてが、一人ひとりの道徳心の強化、すなわち国家の道徳心の強化にたいして絶大な意味を持つ。多くの民族の言葉で、祖国への愛は家庭から生まれると言われるのは偶然ではない。

——モスクワおよび全ロシア総主教アレクシイ二世

これと同じ考えを誰よりも先に発したのは、アナスタシアである。

あと少し年月が経てば、地球のあらゆるところで何百万人もの父親と母親たちが、自らの手で一ページずつ埋め尽くしながら『一族の書』を書くようになり、膨大な数の『一族の書』ができる。その一冊一冊には、我が子のために書かれたハートから湧き上がる真実がある。そこには、狡猾さが入る余地はない。その本の前では、歴史の嘘は崩壊する。

――アナスタシア

出版社「ルスキー・ドム」がどのようにして、誰の尽力のおかげで出版社「ディリャ」に続いてそのような本を出版することができたのかは、深掘りしないでおく。重要なのは構想自体の実現だ。結果的に私たちは、ロシア大統領や総主教、そして知識の日（＊ロシアの九月一日の祝日。この日に始業式や入学式が行われる）に小学生らへ『家族の年代記』を手渡した国会議長が、この構想を支持しているのを見ることができた。

さて、中傷するのが大好きな気の毒な諸君よ、君たちはこの期におよんで何をするつもりなのだ？　大統領や総主教、そして国会議長もセクト信者と見なすのか？　しかし、この構想を指示しているのは彼らだけではない。前ウクライナ大統領も、一ヘクタールではなく二ヘクタールを提供することを記した「農家についての法律」に署名をしているのだ。

さらには、アヤツコフ知事（＊ドミトリー・フョードロヴィチ・アヤツコフ。一九九六〜二〇〇五年サラトフ州知事）も、ロシアのテレビ局ＮＴＶによるアナスタシア支持者についてのインタビューで「わが国の未来は彼らにある」と言い、自身の行政機関の職員にたいし、土地を得て一族の土地を築くことを勧めている。

ケメロヴォ州知事のトゥレーエフ（＊アマン・トゥレーエフ。一九九七〜二〇一八年ケメロヴォ州知事）も入植地用の土地を分配した。そしてロシアの大ムフティー（＊ロシアにおけるイスラム教の最高指導者）であるタルガド・ダジュディンも、スタジオ「創造」のインタビューアーからの「『ロシアの響きわたる杉』シリーズについてどう思うか」という質問に、こう答えている。

私はこの本を愛読していて、読むたびに多くのことを吸収しています。このシリーズを読むと、人はより強く神を信じるようになると感じます。そもそも、神を信じるためには、日々神への信頼を積み重ねていくことが必要です。しかしそのためには、目がきちんと開かれているだけではなく、ハートが開かれていることが何よりも重要です。ハートとは、愛するためにあるものだからです。ウラジーミル・メグレ氏の本は、神を愛する手助けをしてくれます。彼はアナスタシアの言葉をとおして、この真実を人々に届けているのです。神学者たちにとっては何かしら論争すべき点があるのかもしれませんし、推測でものを書くべきではないと文句を言う人もいるでしょうが、神を信じる行為、いえ、それよりも偉大な、神を愛するという行為は、小さな愛の種を日々育み計り知れないほど大きく育ててゆくことです。人は天国に行かずとも、この世で幸せになることができるのです。『ロシアの響きわたる杉』シリーズは、このことを手助けしてくれています。

一方で、このインタビューの直前には、前述の「反セクト活動家」たちの陰謀と脅迫に屈したと見られる、あるロシア正教の主教（歴史に名を残さないために、その名前は記載しない）が、『ロシアの響きわたる杉』シリーズを読んだり広めたりしたら破門する」という、教徒を脅す書簡にサインしている。

これはつまり、『一族の年代記』を書くという構想を支持し、大統領とともに自身の推薦メッセージにサインをした総主教を、その下の位の主教が破門するかのようなおかしな事態になっているということだ。

総主教は私の本を手にしたことはないかもしれないが、文字が印刷された紙が重要なのではなく、そこに記述されたアイディアこそが重要なのだ。そして、そのアイディアのうちのひとつがプーチン大統領や総主教をはじめとする国家レベルの人たちに支持されているのだ。私はじきに残りのアイディアも支持されると確信している。今のところはこのような状況だ。

さて、そろそろロシア警察などの法執行機関は、「反セクト活動家」に注意の目を向けるべき時がきているのではないだろうか。彼らはロシア正教という聖域を盾に、なんたる手段や陰謀を繰り出していることか。彼らが祈るためではなく、教会を食い物にするために近づいたことは明白だ！　宗教間の不和を焚き付け、国家権力の権威を失墜《しっつい》させる、それが西側の諜報機関のやっていることなのだ。

そして、そういった「反セクト活動家」たるグループは、おこがましくも言わせてもらえば、私自身が精神性の高い人間に成長することをひどく心配しているようだ。その「反セクト活動家」たちの行動をみると、明らかに、ロシアにいかなる好ましい変革も起こさせまいと意図する者たちから委託された仕事を遂行しているからだ。彼らの思想破壊工作は、次の例でも一目瞭然だ。

ユダヤ人問題

この千年紀のあいだにすでに何度もあったように、再びユダヤ人にたいする問題が激しく熱を帯びている。

ヨーロッパおよびロシアでは、反ユダヤを含む過激主義的な気運が高まっていると言われることが多くなった。ヨーロッパで開催されたユダヤ人団体の会議では、この状況がヨーロッパ諸国におけるイスラム教人口の増加に起因していると結論づけられた。しかし事実は異なる。歴史に残る数多くの事例が、人間の攻撃性は意図的に煽《あお》ることができることを証明しているように、今、一連のグループによってその煽動《せんどう》が非常に活発化しているのである。それだけではない、煽動者たちはユダヤ人自身の中にもいるかもしれないのだ。

まるで何者かによって、組織的な大量虐殺の指示が出され、それが社会に受け入れられているかのような印象さえ受ける。ユダヤ人大量虐殺は、経済的な利益の意味も含めて、誰かにとって非常に好都合なのである。というのも、大量虐殺は、過激派組織にとっては、経済的な利益というよりは出費を伴うものであるが、一方で、西洋諸国にとっては、大量虐殺を免れてなだれ込むユダヤ人巨大新興財閥たちを受け入れ、財閥の巨万の富を合法化し、国際的な不可侵権を持たせることによって、著しい利益を得ることができるものだからだ。

そして、この利益を得る者たちは、自分たちのために、ロシア領土内に暮らす一般の、何の罪もないユダヤ人を犠牲にする。ユダヤ民族の受難の歴史の中で、こういったことは何度もあったのだ。

では何のために大量虐殺が必要なのか？　それは順を追って考えればわかる。まずロシアで、巨大新興財閥や金融界の実力者たちにたいする人々の不満が高まる。実際、国家統計委員会のデータによると、およそ七〇パーセントの国民が、そういった資本家たちをすぐさま法で裁き、財産を没収して一掃すべきだと考えているそうだ。次に、国民の不満を受けて、大統領や政府、ロシア連邦検察庁が、一連の巨大新興財閥たちの動向調査を法に則ってはじめる。その結果、大統領の任期である四年以内には、汚職撲滅の方針が打ち出され、巨大新興財閥たちは自身の資本を失いかねない事態に陥る。こうして、巨大新興財閥たちがロシアを離れようとするごく自然な状況が生まれる。

しかしそれだけでは西側に持ち込まれる資産を合法化することができない。そこで、合法化するための最も確実な方法として、全世界を震撼《しんかん》させるような大量虐殺が必要となる。そうすればあとは簡単だ。ロシアで大量虐殺が起こるときにユダヤ人新興財閥たちが西側諸国にいるようにしておけば、彼らは政治難民であることを公言し、当然、政治亡命者として保護され、彼らの資産も合法化される。ロシアのユダヤ人新興財閥たちがロシアに持っている資源や工場にたいする権力は、手先となる者や信頼のおける者をつうじて部分的にでも残せばよい。

私はここですべてのロシアの民、そして第一に、自身を愛国的組織であると自負するすべての機関に向けて呼びかけたい。絶対にこのような煽動に屈し、ユダヤ教徒の大量虐殺という堕落した結末を招いてはいけない。誰かが意図的にこしらえたシナリオに踊らされてはならないのだ。

すべてのユダヤ人を、陰謀を企てたり卑しい行為をする民族だと非難してもいけない。ベラルーシ人やウクライナ人、ロシア人の中にも様々な人がいるように、ユダヤ人にも様々な人がいるのだ。このことの証明として、次のことを伝えたい。

カザン（＊ロシア連邦タタールスタン共和国の首都）での読者集会で私が壇上に立ったときのことだ。ホールには多数のイスラム教徒を含め、あらゆる民族の人々がいた。私はそこでユダヤ人作家であり詩人でもあるエフィム・クシュナーの作品『無血革命』の章を朗読した。私は朗読する前に、このユダヤ人作家がイスラエルで暮らしながらもロシアとその未来について書いていることを、参加者に伝えた。私がその章を読み終えると、ホールには万雷の拍手が鳴り響いた。イスラム教徒が、ユダヤ人である彼の作品に拍手をおくったのだ。

どうしてこのようなことが起こったのか？　攻撃的だと言われているイスラム教徒が、なぜユダヤ人作家に拍手をおくったのか？

それは彼が自著の中で、『ロシアの響きわたる杉』シリーズに書かれた構想と結び付けたロシアの美しい未来について語っていたからだ。彼はロシア政府に向けて、シリーズに描写された構想にもとづいたプログラムの実現を呼びかけていたのだ。

また、本に書かれたアナスタシアのコンセプトを理解し、支持しているユダヤ人が彼だけではないということも、ここで伝えておきたい。

イスラエルにも、『ロシアの響きわたる杉』シリーズの読者クラブが存在するのだ。そこでは、ユダヤ人たちが、ロシア語やヘブライ語でこのシリーズに登場する英雄たちについての歌をつくっている。私には、これからユダヤ人がアナスタシアの構想の実現を先導するようになり、最終的には多くの国の人々が彼らのあとに続くのではないかという気がしている。

少なくとも、イスラエル国内ではすでに生態環境の良好な場所に入植地を建設するためにかなりの資金が投じられている、という情報を耳にしている。私たちは後塵《こうじん》を拝し「ずるいぞ。ロシアのアイディアを奪ったな」とぼやくことになるかもしれない。

しかし彼らは何も奪ったりしていない。むしろ救っているのだ。では、お尋ねするが、近隣や遠方の諸外国に暮らすロシア人たちでさえも、団体もしくは個人でロシアの国家権力にたいして呼びかけの手紙を送り続けているというのに、本に書かれた構想の実現を邪魔しているのは誰なのだろうか？

なんとも滑稽《こっけい》な状況である。多くのアナリストが、ロシア国民のあいだでロシアのための新しい構想が生まれたことを認めているのに、実際の状況を見ると、このままではイスラエルで先にそれが実現することになりそうではないか。これは誰の責任だろうか？

そもそも、ユダヤ人問題に関する議論、少なくとも私が紙面などで見聞きするその手の議論は、深い考察の伴わない、幼稚なものである。その内容のほとんどが、「ユダヤ人があらゆる国の新聞社や雑誌出版社を握っている」「すべてのテレビ局がユダヤ人のものである」「経済の大方の流れをコントロールしているのはユダヤ人だ」といった、一般的によく話されている代わり映えのしないことがらに要約される。

こういったことはすべて、疑いの余地なくそのとおりであり、現在のロシアでも同じ状況である。しかしその手の議論は単に現状の羅列に過ぎず、根本的な原因が何も述べられていない。なぜ様々な国でそのような状況が起こり、しかもこうして何百年も他民族が羨むような状態が維持されているのかを解き明かす方が、よほど重要ではないか。

少なくとも次のことが言えるだろう。ユダヤ人はこの状態を維持する義務があると思い込み、我われは彼らに従う義務があると思い込んでいる。そしてそれが国の法律レベルまで浸透しているということである。

ご自身で判断していただきたい。ロシア連邦議会により、わが国で四つの宗教を主要な宗教と見なすという法案が可決された。そのうちの二つは、キリスト教の分派であるロシア正教、そしてユダヤ教である。

キリスト教の宗教理念によると、キリスト教徒は神の奴隷である。裕福であることは歓迎されない。私がこの文章を書いているサンクト－ペテルブルクのホテルの窓からは、巨大なウラジーミルの生神女《しょうしんじょ》大聖堂というロシア正教の教会が見えるが、建物の正面には金の文字で『生神女（＊「神を生みし女」を意味する、正教会におけるイエスの母マリアにたいする敬称）よ、汝の奴隷たちの祈りを受けとめよ』と大きく書かれている。

一方、ユダヤ教の理念によると、ユダヤ人は神に選ばれた民なので、富と土地は彼らのものであり、高利貸業も歓迎される。

このように、宗教は人間の心理や人格形成、生き方に多大な影響を与えているのだ。

それでは、私たちの現実を、論理的に順を追って考えてみよう。整理すると、つまりは、わが国最高の立法機関であるロシア連邦議会は、誰が奴隷となり、誰が支配者となるのかを決定する二つの理念を公式に取り入れたということなのだ。

ここで互いにくだらぬ言いがかりをつけるのはやめよう。法律を順守する国民ならば、国が制定した法律に従い、私たちはユダヤ人権力の下にあるのだという事実を至極当然のこととして受け入れようではないか。

このような状況を不満に思う人もいるだろうし、私の主張はナンセンスだと思う人もいるだろう。しかし現状から目をそらさずに、社会に今起きていることの原因を見つめようではないか。

ずっと続いているこの行き詰まった状況をいつまでも味わっていてはいけない。出来上がってしまった状況が気に入らないのなら、そこから抜け出す道を探そうではないか。イスラム教徒、キリスト教徒、ユダヤ教徒およびその他の宗教団体の代表者たちが一様に魅せられ、意気込みをひとつにして受け入れることができる構想があれば、出口が見つかるかもしれない。

そして、そのような構想は存在する。その構想は現状を修復するだけでなく、未来への鍵も握っている。具体的な事実と実際に起きていることが、このことを裏付けているのである。

さあ、創造しよう

ロシア連邦大統領は連邦議会演説の中で、この先十年間で国内総生産（ＧＤＰ）を二倍にするという目標を掲げた。しかし、目標を掲げるだけでは実現しない。実際にそれを実現させるためには策を講じなければならないし、なによりもまず国民にやる気を起こさせなければならない。ＧＤＰの指標を二倍にするためには、国民が働かなければならないからだ。しかし、国家最高の役職たる大統領からこの目標が掲げられたあと、いったい何が起こっただろうか？

ナンセンスなことが起きた。

目標の達成を試みてすらいないのに、一部の高官たちがいかに目標の達成が不可能であるかと愚痴をこぼしはじめたのだ。そして他の高官たちも、「不可能でも達成しなければならないらしい」という反応だった。建設的な意見を出す者はおらず、具体策が講じられることもなかった。この議題には実に多くの時間が費やされたのだが、二〇〇四年の結果はみじめなもので、ＧＤＰの成長は六・四パーセントにとどまった。

政府がこの目標を掲げたとたん、メディアがこの目標は「遂行可能か否か」と皮肉交じりにさかんに取り上げたものの、それでもやはり、政府は目標を遂行するための具体的な試みを何もしなかった。

この状況は、ロシアの国家権力が崩壊しはじめていることを表している。たとえ我われが官僚たちを選んだり指名したりしたとしても、あらゆる口実が持ち出され、命令が遂行されることはない。

例えば次のような状況を想像していただきたい。軍の総司令官が「進攻の準備をせよ」と命令を下すが、その部下である将軍や大佐は、進攻計画を練るどころか、「進攻が可能か否か」を検討しはじめるという状況だ。これでは敗北という結果は免れないだろう。まさにこれと同じことが起こっているのだ。

いや、もしかすると、大統領が掲げた目標が実際に馬鹿げたものだったという可能性もあるのではないか？　それを検証しないままでは判断ができないが、あえて話を先回りしてお伝えしよう。目標は達成可能なものだったのだ！

読者のみなさんは「なぜここでロシア正教会や反セクト活動家、西側の諜報機関、そして大統領によるGDP倍増の目標の話を取り上げるのだろうか」と戸惑っていることだろう。しかし慌てないでいただきたい。これらは相互に強く結び付いているのだ。

GDPが倍増することで誰が得するのか、考えてみようではないか。もちろんロシアだ。では損するのは誰だろう？　それはもちろん、必ずしも質がよいとは言えない商品を販売するための市場としてしかロシアを見ていない西側諸国である。

つまり、西側諸国の諜報機関は、この状況を上から眺めながら、ロシアの大統領や官僚を嘲笑っているのだ。目標が掲げられた時点で、すでにほくそ笑んでいるのである。では、順序立てて考えてみよう。

GDP全体を二倍にするには、国民経済のどの分野の生産高を上げるべきか、またどの分野の拡大が望ましくないのかということを明らかにする必要がある。例えば、ワインやウォッカ、タバコ製品の生産高を倍増させるべきではない。ただでさえ、ロシア人はすでにウォッカに溺れ、タバコの煙で息ができなくなっているのだから。また、武器の製造や新しいカジノの建設、天然資源の国外への流出量を倍増させてもいけない。

そうなると、その他の分野を三倍、四倍にするしかない。しかし、これまではその分野を特定してこなかったが故に、目標が設定されることすらなかったのだ。

それに、二倍にする目標でさえ、可能か不可能かという議論が行われているのに、四倍にする目標など考えても意味がないと思う人もいるだろう。そんなことなど不可能であると。だが、言わせてもらおう。可能なのだ！　可能であって、しかも資本を投下する必要すらないのだ。

一例として、農業を取り上げよう。農業の生産量は年々縮小しており、今や国家の安全を脅かしている。このことについては、著名な政治家や国会議員、政府高官の何人かも言及している。いくつかの品目については、外国からの輸入品の割合が四十パーセントにまで達しているのだ。これは国家の安全に脅威を与える状況と言える。では、このままいくとどうなるだろう？　こういうことになる。

二〇〇五年には、農業人口が二十五パーセントまで減少し、状況はさらに悪化する。より正確に言うと、完全に他国に依存する国になってしまうのだ。このままでは国民の苦難を回避するために、政府は食糧の対価として天然資源ばかりかミサイルまでも他国に提供することになるだろう。

よって、農業全体の構造を変え、食糧生産高を二倍、三倍にしなければならないのだ。しかし補助金が必要だと言うばかりの従来の施策では、三倍にすることなど到底できない。そもそも、補助金を出すと言っても、それを受け取る農業人口がどんどん減っているのだから、誰に補助金を出すというのだろうか。こういう状況では最新の機械も最先端技術も役に立たない。不足しているのは人材の方なのだから。

これで最初の課題は定まった。つまりは農村に労働能力のある人々が来るようにしなければならないのである。それも何百万、何千万人の人々だ。そして、彼らが愛をもって大地に触れたいと思えるような状況をつくらなければならない。そういった人々が現れなければ、農業や食糧の問題、ひいてはGDPの問題についてあれこれ論じるのはまったく無意味である。

その一方で、多くの役人にとっては、こういった人々が現れることは、奇跡でも起きなければありえないことらしい。実際にそれが起こった時でさえ、役人たちは信じなかった。

しかし役人の諸君よ、そうだ、奇跡が発動したのだ！

それは、たったひとりの人間、シベリアの女世捨て人アナスタシアのおかげだ。

彼女の言葉を信じられない、ファンタジーだと思う人がいてもいいが、彼女の言葉は実際に影響をおよぼし、成果を上げている。彼女の言葉が、人々のハートと魂に揺らぐことのない意欲を呼び起こしているのだ。

この国のあらゆる地域の何万人もの人々が、農的暮らしのできる場所で自分の人生を築きたいと願った。そこに一族の土地をつくり、引っ越して定住したいと願った。そのような人々の数が年々増加しているのだ。

彼らは自分の暮らす地域で社会団体を創設し、「土地をください！　私たちがそこを整備します」と訴えている。

さらには、二〇〇四年六月五日にウラジーミル市で開催された代表者会議において、各地域の団体が合流した全ロシアを代表する市民団体が創設された。

この会議ではじめて、ソビエト連邦後のこの広大な国に、現在ほかに匹敵するものがないほどの国民の力が示された。会議を傍聴し、活動に参加しようと各地域の代表者でない人々も数多く訪れたため、会場は座席が足りなくなったほどだ。

代表者会議では、一族の土地構想の支援を主たる活動目的とする、国民的ムーブメント「ロシアの響きわたる杉」を始動することが決定した。いかなる国家権力にも政党にも対立の立場をとらない国民的ムーブメントの団体である。対立するのではなく、すべての機関と手をとり合い、「さあ、創造しよう」と呼びかけるのだ。

明確で説得力のある、国民から支持される計画を持った国民的ムーブメントがはじまったのだ。では、この計画のたったひとつの項目である一ヘクタールの土地が実現されたら、国は何を得られるのだろうか？　その項目は一見とてもシンプルだが、実現すれば、以下のことが起こるのだ。

・環境問題の著しい改善

・土壌肥沃度の回復

・国民に安全な食糧を確保できるようになる
・インフレを起こすことのない、国民経済の全分野での著しい賃金上昇（二から三倍の増加）
・短期間での人口問題の改善、国民の健康増進と若返り
・国防問題の解決
・国外への資産流出の終息とロシアへの資産流入。知的人材のロシアへの帰還
・数年以内での贈収賄、汚職、暴力事件の削減、およびテロ事件の撲滅
・ワルシャワ条約機構に加盟していたポーランド、チェコ、スロバキア、ハンガリー、ブルガリア、バルト三国といった近隣諸国との強力な統一連合の構築
・ロシア、アメリカ、中東イスラム諸国による武力競争の廃止および緊密な協力関係の構築

このようなことが起こると結論づけたのは私だけではない。学生たちも卒業論文の中で論証しているし（未来の法律家であるタチアナ・ボロディナがその一例）、学者たちも論文の中でこれらの項目について書いているのだ（経済学博士、立法議会に三回招集された代議員のヴィクトル・ヤコヴレヴィチ・メディコフ教授）。

そして、プロの研究者だけではなく、自費で出版した刊行物の中で書いている一般の人々もいるのだ。

私はここに、各項目の根拠を短くまとめて書いてみようと思う。

では、ロシア政府が、アナスタシアの構想の実現に乗り出したと仮定してみよう。

つまり、「**政府は希望するすべての家族にたいし、一族の土地を整備するための一ヘクタールの土地を相続権付きで無償提供し、その土地で生産される物および土地そのものには、いっさい課税しない**」、という構想だ。

この構想が実現されたら、次のような結果が得られることになる。

・環境問題の著しい改善

実例によると、一族の土地用の区画を得た人々は、最初の段階で多種多様な植物を植えている。その数を一家族あたりで平均すると、野生種の木々は二百本も、低木の茂みや緑の垣根、ベリーの木などは合わせて二千本も、果樹は五十本にも上る。

アナリストの意見では、国家レベルでこの構想を採用し、正しい解釈で進めた場合、一族の土地を整備しようと希望する家族の数は、最も少なく見積もっても、初期段階だけで、一千万戸近くにおよぶだろう、ということだ。

そしてこのことは、計画を採用した後一、二年間で、いかなる追加助成金も必要とせずに二十億本の野生の木々、二百億本の低木、五億本の果樹が植えられることを意味する。しかもこれは構想を導入した直後の数字である。

・土壌肥沃度の回復

実例からも明らかなように、短期間の借用ではなく終身利用としての土地を得た人々は、まずは土壌の回復に着手する。その際には有機肥料を使用するのはもちろんのこと、最初の数年間は土づくりに適した植物を植えるといった、より自然な方法がとられる。

・国民に安全な食糧を確保できるようになる

ソビエト時代にあった「収穫のための闘い」を思い出していただきたい。学生や工場労働者たちは、コルホーズやソフホーズの農場の掃除や収穫作業に駆り出されていた。私もそういった集団活動に参加し、郊外にあるソフホーズの畑で草取りをしたり、玉ねぎを収穫したりしたものだ。

しかしながら、国に品質のよい食品が豊富にあるという状況は見受けられなかった。我われより世代が上の人ならば、三分の一が腐りかけのジャガイモや、いかにも貧弱な野菜が店に売られていたのを、当然覚えているだろう。

その後、政府が人々に六アール（＊六百平方メートル）の土地を与え、ダーチャのムーブメントがはじまった。そして奇跡が起こった。統計データは皆が知るところである。国民は、いかなる省や官庁からの助成もないままで、野菜の生産量の八〇パーセントを自給によってまかなってしまったのだ（残念ながら、現在では交通費の値上げや土地所有にたいする課税、電気料金の値上げなど、ダーチニクに困難な条件が生じるようになってしまった）。そしてこれは、農業経営だと採算がとりにくい土地や、土壌を肥沃にする高木を植えたり貯水池をつくったりするには不向きな広さの土地で起こったことだ。さらに、人々がダーチャで作業をしたのは基本的には休日や祝日だけであり、経験や知識も豊富ではなかったのだ。

この実例からもわかるように、一ヘクタール（＊一万平方メートル）の土地があれば、より採算の合う農業経営を行うことができる。耕作地を正しく配置すれば、一平方メートルあたりの労働量を三十分の一にすることもできる。もちろん最初からそうなるわけではない。繰り返すが、正しく配置した場合においてのみである。このように、これまでの経験と照らし合わせても、また論理的な計算からも、アナスタシアが提案している構想は、全国民にくまなく必要な食糧を確保するものであることが裏付けられる。

では食料の質についてはどうか。自身の家族に食べさせる目的で農作物を育てている人は、言うまでもなく、土壌に農薬や化学肥料を使わないだろうし、遺伝子組み換えされた種を使ってミュータントの作物など育てないだろう。このような粗悪な食品がわが国に入り、国民がそれを購入している理由はただひとつで、国産の食糧が不足しているからである。食糧が国内に十分にある状況であれば、品質が第一に優先されるようになる。この説明が納得できるものであることを願う。

・国民経済のすべての分野において、インフレを起こすことなく著しく（二、三倍）賃金が向上し、あらゆる商品の価格が低下して社会的緊張が緩和する

例えば販売員やバスの運転手、看護師や教師といった人々にとって、『一族の土地』計画の実現が賃金向上とどう関係するのかと疑問に思う人もいるだろう。しかし関係するのだ！　しかも直接的に、かつ最も密接に関係するのである。

考えてもみてほしい。ロシアの大部分の企業は、現在民営化され、いわゆる新興財閥となって途方もない収入を得ているが、彼らはどのようにそれを成し遂げているのだろう？　大部分は、労働者の人件費を最小限に抑えることで、それを可能にしているのだ。現状でも仕事をもらいたいという人々が列をなしているのなら、わざわざ五千ルーブルから二万ルーブルに賃金を上げてやる必要などないではないか。いずれにせよ、仕事を求める人々には他に行く宛などないのだか

ら。

一方、それほど支出の要らない生活ができる環境、つまり自分たちの土地を有しており、そこで一カ月あたり平均一万ルーブル（実際に検証済の、非常に現実的な額である）の収入を得ているような環境にいる場合は、前者とはまったく異なる状況となるのだ。マンションの共益費の支払いも、通勤のための交通費も、街で外食する必要もなくなる。つまり、一族の土地に暮らす人々に工場やその他の現場で働いてもらおうと思ったら、最低でも、彼らが自分の土地で働いて得る収入の一・五から二倍になるような賃金を提示し、交通費や食費まで補償しなければならないほどになるのだ。

現在、石油の採掘を営む工場や企業を私有化した新興財閥が、例えばロンドンの豪邸に暮らしながら（実際にそうなっている）、毎月何百万ドルもの収入を得ている一方で、彼らにその収入をもたらしている労働者たちにはその千分の一さえ収入がない、という状況が生まれている。

しかし、このような状況が永遠に続くはずはない。ゆくゆくは革命や財産の剥奪《はくだつ》、公正さを欠く行為を許した政権にたいするクーデターなどにつながることは避けられないだろう。解決策はひとつである。公正に労働者と分かち合うことである。新興財閥たちが自らその方向へと舵を切ることはないが、そうせざるを得ない状況が生まれることで、彼らは決断するだろう。

このように、『一族の土地』計画が実現した場合、一族の土地の所有者と大企業オーナーとの関係がどうなるかについて触れたが、大企業オーナーは都市部のマンションで暮らす人々にたいしても、職場に残ってもらうために賃金を上げざるを得なくなるだろう。なぜなら都市部の人々にも、これまでどおり都市環境の中だけで暮らすか、まったく異なった新しい生き方を築くかという選択肢が生まれるようになるからだ。

そしてこの項目についての最後の疑問は、なぜインフレが、つまり物価の上昇が起こらないのかということについてである。

インフレは、常に意図的に仕組まれたプロセスの結果として起こるものである。物価の上昇は、結果に過ぎないのだ。インフレが起きる原因は、人々を自然と共存した暮らしから遠ざけようとする意図にあるのだ。ガソリンや食品を自分で所有していない場合、人々はそういった物を完全に他者に依存せざるを得ないため、それらの価格は簡単に上がってしまう。では、人々が自分の果樹園や一族の土地を所有しているのに、リンゴの販売価格を上げたらどうなるだろうか？　そんなことをしたら、誰もリンゴを買わないではないか。では、ガソリンはどうか？　ガソリンについても同じで、誰も買わなくなるだろう。現在のガソリンの価格は、二から三ヘクタールの土地を耕す程度であれば、馬を飼って耕した方がずっと都合がいいほど、高騰してしまっているからだ。ついでに言うなら、馬を飼えば上等な肥料さえも手に入るのだ。

・短期間での人口問題の改善、国民の健康増進と若返り

わが国の人口問題が危機的な状況であることは皆が知っている。もはや危機的な状況という言

葉すらふさわしくないほどである。平時に毎年百万人近くの人口が減少しているのだ。なんと恐ろしいことだろう！　こういった国の統治者たちは、国民や子孫にたいして、恥じを知るべきだ。現在の状況を変えることが必要だという話は、哀れな戯言《たわごと》でしかない。そんな程度の議論をしたところで、何も変わらないのだ。もちろん、妊産婦への経済的な支援は必要であるが、ことの本質を変えることはできないのである。

　何千年もの歴史が、女性は未来が不明瞭である時に子どもを産まなくなるという事実を示している。だから、何よりもまず、社会全体そして社会の最小単位である各家族が繁栄する未来を、国民に明確に示すことが不可欠なのだ。

　ウラジーミル市にある「アナスタシア財団」（＊正式名称は「ウラジーミル市非営利型文化と創造支援アナスタシア財団」）は、一族の土地を整備しようとしている家族にたいしてアンケート調査を実施した。調査対象となった二〇〇〇以上の家庭のうち一九九五の家庭が、子どもをつくる意思があり、できれば三人以上ほしいと回答している。また、身体的な問題で子どもを授かることができない人たちは、孤児院の子どもを引きとる意向を示した。

　なぜこのような調査結果になったのか？　それは、生きた美しいオアシスを創造する人は、自身が永遠なるものを創造していることを理解しており、我が子にも生を謳歌してほしいと願うものだからだ。

　健康増進と若返りについては、身近な例に戻ろうではないか。みなさんの祖父母が、春のダーチャに出かけると、どれほど生き生きとし、若返るかは、みなさんもその目で見ているはずだ。であれば、自然環境のよいところで育てられたものを食べ、きれいな水を飲み、きれいな空気で呼吸する妊婦が、現在生まれている子どもたちよりもはるかに健康な子どもを産むであろうということは、わざわざ証明するまでもないだろう。

・国防問題の解決、および数年以内に贈収賄、汚職、暴力事件の削減、およびテロ事件の撲滅

国内軍および警察を含めた今日の軍隊の戦闘能力や士気は、ゼロをとおり越してマイナスへと落ち込んでいる。軍の司令部が若者の徴兵を計画どおりに進められていないことは、もはや誰もが知ることである。若者のあいだでは、兵役を回避することが恥ではなく、むしろ英雄的行為になっている。比較的お金のある者はお金を払って免除を受け、お金のない者は自分の身体にわざと損傷をこしらえてでも、すり抜けようとするのだ。

辛うじて、貧困層にある人々を兵役に引っ張り出しているという状況である。このような軍隊では、真剣に攻め入ろうとする敵からは、何をも、誰をも守ることはできない。それればかりか、そのような軍隊を持つ国には、潜在的な危険が伴う。

現在、ロシア軍の兵士が何を守るために招集されているのかを考えてみようではないか。「祖国」、そう答えるのが普通だろう。しかし今日、祖国という言葉の解釈はぼんやりしたものとなり、多くの人にとって、そもそも祖国とは何かということが理解しづらいものになっている。

つい最近まで、わが国の兵士たちはソビエト連邦を祖国と考え、忠誠を誓っていた。しかしソ連崩壊とともに、突然、国境が変わり、領土だった地域の一部が祖国ではなくなってしまった。その上、その地域に配置されていた部隊は、侵略者の汚名まで着せられてしまった。最終的に、ロシア軍が守るのは、残された「ロシア」という名の領域に暮らす人々ということになった。だが、兵士たちは残された「ロシア」のどのような人々を守るというのか？　賄賂を受け取る官僚や役人たちだろうか？　新興財閥だろうか？　自分の家族だろうか？　それに、将校や兵士が貧しい家庭の出身である場合、守るべきものは何になるのだろうか？

政府は「西側諸国に倣った、文明化された民主国家」を建設しているというプロパガンダを、もう十年以上にわたって我われに繰り返し伝えている。では想像してみてほしい。相手が文明化された先進国であると、すなわち自分たちは後進国であり文明化されていない国民であると洗脳されたロシアの兵士たちが、対ＮＡＴＯ軍や対アメリカ軍との戦闘に入ることなどできるものだろうか？　馬鹿げた話ではないか。これは、心理的に作用する呪文、もしくは非常によく練られた戦略ではないのか？　しかもこの袋小路からの出口となる万能薬は、プロの軍隊を雇うことであると考えられている。しかしそれはもっと馬鹿げた話なのだ。このプロの軍隊というものは、お金のために武器を手にとり、命令どおりに人を撃ち殺す傭兵《ようへい》で構成されており、より多くの報酬を提示した人の命令に従うのだから。

歴史を紐解くと、国外へ派遣されていた傭兵の軍隊が戦闘を終えて国内に戻ってくると、政府の警戒の対象となった事例が数多くある。古代ローマでもそうであったし、現在アメリカにも同じような脅威がある。すでにロシアにも、局地的に同様の脅威が存在している。

脅威がある国にとっては、プロの軍隊には絶え間なく戦闘行為を行っていてもらわねばならず、それは国の領土外である方が望ましい。もしも軍隊が雇用元の国に帰還すると、現政権に対立する勢力が彼らを懐柔《かいじゅう》しようとしたり、多数の小集団に分散し、その一部がギャング集団を形成したりすることが避けられないからだ。それに、圧倒的大多数の傭兵は職を失うことがないがなければ、彼らは他の場所で同じ仕事を見つけるだけなのだ。それればかりか、お金のためだけに従軍する兵士で構成されている軍隊は、いとも簡単に買収されてしまう。

次に、兵士が三千ドルの月給をもらっているジョージアやトゥルクメニスタン、ウクライナのような外国の軍と、一方で一カ月に五百ドルしかもらえないわが国の状況を想像してみよう。いや、想像するまでもない！　国内に具体的な例があるではないか。かつてＫＧＢで特殊な訓練を受けたプロの技能を持った人々のうち、どれほど多くの人たちが、現在商業施設や外資の銀行の警備を行っていることか。

では、出口はあるのか？　たったひとつだけある。それは、ロシアの兵士、将校そして将軍たちに守るべきものを持たせることだ。

・国は、ロシア軍、国内軍および警察の将校の全員に、肩章に称号の星と、将来の一族の土地を整備するための一ヘクタールの土地を受ける権利を与えること

将校に分配される土地はいわゆる辺境地ではなく、国家によって入植地として割り当てられ、特別に整備された優良区域でなければならない。将校はその中から一ヘクタールの土地を選ぶ。そして休暇で帰ってきた際には、ひとりで、または両親と一緒にできたばかりの園に木を植えたり、池を掘ったり、コテージを建てる場所を決めたりするのだ。

そうすれば、たとえ国内各地へと配属が頻繁に異動となろうが、外国での長期の任務を命じられようが、寮や兵舎、テント暮らしを強いられようが、ロシア軍将校の全員のハートに、本気で守るべきものが生まれる。自分が気に入って選んだあの場所には、春になれば花咲く小さな祖国の一角、彼の園がある。そして彼に想いを寄せる娘は、彼の肩章に星が付いているのを目にして認識する。彼女の愛するこの男には未来が、祖国がある。そして、二人の未来の子どもたちを産むための愛の巣があると。

もちろん、しばらくのあいだは、愛する男性の将校としての厳しい生活を、彼女も分かち合うことになる。しかし、いずれにしても、年に一度、彼が休暇で帰省する際には、二人で祖国の小さな一角を訪れ、完成した未来の一族の土地を夢みながら、どこに池を掘るべきか、どこに家を建てるのかと計画を立てることができるのだ。

その一カ月の休暇のあいだ、二人がテントで過ごすことになってもいいではないか。それでも彼らは、未来の自分たちの一族についての美しいビジョンを描くことで、なにものにも代えがたいよろこびを味わうことができるのだ。

未来の園の木々がまだほんの小さな苗木であっても、未来の緑の垣根がまだそうと気づかないほどの小さなものでも、いいではないか。それらは、小さくとも、そこにもう存在しているのだから。いずれ木々は成長し、花を咲かせ、楽園を創造した主《あるじ》の帰りを待つのだ。

・将校の妻が妊娠した際は、国は三カ月間で彼らの土地の指定された場所に、これから親になる二人が選んだ設計に合わせて、必要最低限の設備が整ったコテージを建てること（現代の技術があれば可能である）

ロシアの将校の妻は、妊娠期間の後半を祖国のコテージで過ごす。彼女の両親がその家に来るケースもあるだろうし、親切な隣人たちに囲まれてひとりで暮らすケースもあるだろう。重要なのは、彼女の周囲と彼女自身の内に、たくさんのポジティブな感情があることだ。それだけではない、彼女の周囲には小さな『祖国』、すなわち二人の愛の空間があるのだから。

彼女は子どもを産むために外国へ行くことも、なぜだか「産院」と名付けられてしまった、人工ふ化施設に行くこともない。将校の妻は、すでに多くの女性たちがしているように、自分の土地で子どもを産む。医者が立ち会うのはいいが、何十人もの産婦のうめき声や叫び声が聞こえてくる出産台の上ではなく、慣れ親しんだ自宅の、彼女にとって快適な環境の中で出産するのだ。

・ロシアの将校は、ほかならぬ自分の一族の土地で子どもを誕生させるべきである

我が子の出産の瞬間に、若き将校はどこか遠くの地にいるかもしれないが、それでもいい。彼には我が子のよろこびの産声が聴こえる。必ず聴こえ、感じるはずだ。そうなれば、いかなる敵も彼の国に進軍することはできない。若い中尉、ロシアの将校である彼が、敵の進軍を許すことはないのだ。なぜなら、彼の偉大なる母国の心臓部には、最も身近で愛すべき小さな祖国があり、その花咲く園で、彼の愛する人が、はじめての小さな歩みを踏もうとしている幼い息子の手を握っているからだ。

社会！　我われの社会が鍵を握っているのだ！　このように、国家を構成している私たちの社会には、若い母親が我が子をどうやって食べさせていこうかと頭を悩ませずに済む方法が、もうすでにあるのだ。ロシアの将校の妻には、すべてが確保されていなければならないのだ。もちろん新興財閥の妻たちのような豊かさとは異なるが、それでもいいではないか。それに彼女は、高級車などという陳腐な見せかけに用はないのだ。彼女にはもっと大きな愛と未来が控えている。彼女が行っていることは、重要なことなのだ。彼女は、ロシアに新しい活力を与えているのだ。これが彼女の主要な仕事であり、任務なのだ。

そして社会は、夫と同額の給与を彼女にも支払うべきである。もちろん、彼女の偉大な創造にたいしてそれだけでは足りないのだが、社会と国家の善意ではじめる最初の一歩としては、妥当

な線ではないだろうか。

このような可能性が、今すでにあるのだ。ただし高尚に語られる経済的概念にだけは惑わされてはいけない。


現在、石油のパイプラインはロシアに外貨の雨を降らせている。ではその雨が、一般の将校の家庭や、彼の祖国の小さな一角に一滴の雫さえも落とさないのはどういうことだろう？

すべての不幸にたいする万能薬であるかのように語られる民主主義や資本主義の背後に隠れ、このような秩序を考えたのは誰だろう？

持たざる兵士たちや将校たちが、持てる者たちやルブリョフスコエ・ハイウェイにある彼らの豪邸、そしてその他の地域にある同様の豪邸を守らなければならないというのが民主主義なのか？　こんなものは民主主義ではない、戯言《たわごと》主義である！

この状況から脱却しなければ、わが国には防衛も警備もなくなってしまう。一般市民や大統領、ましてや大小の新興財閥には、守ってくれる存在がいなくなってしまうのだ。

だが、この戯言主義がなくなりさえすれば、汚職や麻薬中毒、ドライバーたちから賄賂を搾取っていると噂になっている道路交通取締官も消えてなくなる。

教えてほしい。そもそもなぜ、道路交通取締官は道路に立ち、埃《ほこり》や通り過ぎる高級車などの車が吐き散らす煤《すす》にまみれた空気を肺に吸い込んでいなければならないのか？　車を乗り回す人々は皆賢く、道路交通取締官が馬鹿だということなのか？　いやそうではない、彼がそこに立っていてくれるから我われの安全が確保されるのだ。それでいて彼の給料たるや、ほんのわずかなものなのだ。

それに、もし交通取締官がドライバーたちから賄賂を受け取らなくなれば、親族は彼を笑いものにし、合理性に欠けた異常な男として彼を扱うだろう。そして彼の妻はガミガミと小言で夫を苦しめ、子どもたちは、普通のジーンズすら買い与えることができない父親に背を向けることだろう。

また国家警察による収賄の取り締まりも、彼にとっては恐れるに足らないものだ。たとえ仕事を解雇されたとしても、損失は大きくない。そもそも誠実に務めたとしても、彼の家族を十分に養うことはできない仕事なのだから。だが、他の仕事を探さなければならないにしても、誠実でいることができる上に、不自由のない収入を得られる仕事などあるのだろうか？

このとおり、交通取締官が埃や車の排気ガスの中で賄賂を受け取っているのには、理由があるのだ。そして社会は彼のことをあまり正しく理解しないまま、賄賂を払っている。『仕方ないじゃないか、みんなも同じようにすればいいではないか』と社会全体が考えるようになった。しかし、それは恐ろしいことなのだ！　我われ皆が、そのような風潮に慣れ、それ以外のあり方を夢みることをやめてしまうからだ。

例えば、我われは売春婦やホームレスの子ども、ギャングが街にあふれていることに慣れ、受け入れてしまうのだ。「選挙」というショーにも慣れて、受け入れてしまう。あるいは、私たちが受け入れるように仕向けられているのかもしれないが……。

ほんの少し前までは、ロシアの村落に暮らす人にとって「ふしだらな女」「ろくでもない主」と村人たちに烙印《らくいん》を押されることは最も恐ろしいことだった。

要するに、その時代を取り戻さなければならないのだ。ロシアの民にとっての最もよろこばしい評価が、「親切な人」「思いやりのある子どもを育てた親」「素晴らしい一族の土地を持つ人」となるような時代を、絶対に取り戻さなければならない。そうなれば、犯罪や汚職、麻薬中毒などなくなるのだ。そのような時代は必ず訪れるだろう。

＊＊＊

テニスコートのベンチには、胸にもたれかかった三歳の孫娘の頭をそっとなでている白髪の年配の男性が座っていた。かたわらには、ベンチの背もたれにかかっていた将軍の軍服を取り、自分に似合うかどうか着てみようとしている十一歳の孫息子がいた。軍服の肩章には大きな二つ星が輝いていたが、かつてそこにあったのは、中尉を表すとても小さな星だった。

しかし、肩の星などさほど重要なことではないと、老人は孫たちを見つめながら考えていた。彼にとって最も重要な任務は、孫たちのために、すべてが美しい一族の土地の空間を、ロシアの心臓たる小さな祖国の空間を創造し、守ることだった。そう、彼はロシアを守ったのだ。そしてそのロシアが、彼の祖国が、今、開花しているのだ！　さわやかな風が、ロシアの園の芳香を世界中に運んでゆく。そして宇宙を駆け巡る風が、地球が最盛の時であることを他の惑星に伝えてまわる。夜空に輝く星たちはあたたかな羨望を抱きながら、賢明で光に満ちた神の娘や息子たちが遊びに来る日を夢みて待っている。

そのようになるのだ！　今はまだだが、待っていてくれ！　将校たちよ、まるで心臓が警笛を鳴らすかのように、ロシアの大地が鼓動しているのが聴こえるか⁉「小さくてもいいから園をつくってほしい。私があなた方みんなのために、楽園となる空間を育み、永遠を与えよう」と地球が懇願する声が⁉

聴こえるだろうか？　あなた方には、必ず聴こえるはずなのだ！

・国外への資本流出の終息とロシアへの資本の流入。知的人材のロシアへの帰還

アナスタシアのプログラムを完全な形で導入した場合に何が起こるかは、論理的に証明できる。著名な学者や研究者、大学生や大学院生たちも論証しているのだ。

何が起こるのかについては様々な論争もあるが、実例だけが議論の余地のない証明となる。そしてまさに実例が提示されたのだ。

現在、建設はすでにはじまっているものの、法整備がまだ済んでいない入植地に、近隣国だけ

でなく遠く離れた外国からも人々が訪れるようになっている。私の知るところでは、例えばウラジーミル市近郊の居住区に、トルクメニスタン出身の教師とアメリカから来た若いカップルが一族の土地の建設をしている。同じような事例が、ロシアやウクライナの建設中の入植地でも多数見受けられる。このように、人々は土地の分配についての法整備を待たずに、現行の法律に則って土地を購入している。となると、社会や国家の義務は、自分の祖国となる土地を購入する彼らに、そのお金を返還することである。自分を生み育ててくれた大地を美しく整備することを志す人から金をせしめるなど、血の通った人間のすることではないのだから。

まだこのような状況ではあるが、人々はすでに農村地域に戻りつつある。今はまだ一部の人々かもしれないが、状況が首尾よく整ったとき、つまり希望する家族に一族の土地を分配する法律が可決されたときに、何が起こるのかを、考えてみてほしい。

ロシア大統領に向けたドイツからの手紙

ロシア連邦大統領府
モスクワ、１０２１３２、スタラヤ・プロシャチ　四番地

ロシア大統領ウラジーミル・ウラジーミロヴィチ・プーチン殿

この手紙は、今はなきソビエト連邦の国民だった者が書いています。様々な理由により、多くの国民が外国で暮らすことになってしまいました。その中でもドイツは、三百万人以上のソビエト連邦出身者が暮らす避難所となりました。しかし、私たちはドイツ、すなわち西側の「文明化された楽園」を目指したときに、自分が愛する祖国を失ったことを理解しました。私たちは祖国なしには絶対に完全なる幸福を味わうことができないということを理解したのです。

今、ロシアで肉体的および精神的な健康を約束するまったく新しい構想が生まれ、西欧諸国を含めた大変多くの国々で、それが受け入れられています。私たちも、この構想のおかげで、今のロシアには調和のとれた人間に新しい生き方を提供し、国家を復興させる潜在的な力がある、と認識したのです。

この構想については、総出版部数六百万部（＊原書出版時点）におよぶウラジーミル・メグレ氏による

『ロシアの響きわたる杉』シリーズの本の中で詳しく語られています。ＣＩＳ諸国、そしてその他の国の人々は、ロシア国民であるＶ・メグレ氏の本から、すべての人間や家族そして国家に必要不可欠な、新しくて美しい、再生への希望を感じたのです。

構想の本質

この構想の本質は次のようなものです。

「すべての家族または国民が、自身の小さな祖国の一角、すなわち『一族の土地』を整備するための一ヘクタールの土地を無償で受け取れるようにする。そしてその土地が世代から世代へと相続できるようにする。そうすれば、地上に生まれた人間は、自身の手や幾世代にもわたる一族の手で創造し育てられた、自分のための祖国の一角を所有するようになる」

大統領は演説の中で、「ロシアという国は農村や大地から生まれ、人々は永い歳月をそこで暮らしてきた。これこそロシアが歩むべき道である」と発言なさいました。私たちはその発言に大賛成です！　西側の文明に触れてきた私たちには、麻薬中毒、売春、子どものホームレス、窃盗行為、殺人といったものが、西側の最も高名たる文明の所産であることが、はっきりとわかるのです。欧州の最も深刻な問題である環境問題、人口問題については、もはや言うまでもありません。このような状況にもかかわらず、これらすべての問題を、西欧に倣った変革をすることで、ロシアも受け入れようとしています。ですが、今やその西側諸国の人々でさえ、自分たちの国が進んでいる道が、自己破壊へと、またはそうでなくとも袋小路へとつながっていることを理解しはじめているのです。

ロシアでは何百年にもわたって苦しい時代が続いたので、その結果として独自の国民性が育まれてきました。そのおかげで、ロシアの民は極めて過酷な精神的および自然環境的苦境においても崖っぷちにしがみつき、皆の予想に反して、国の新しい構想、つまり新しい生き方を生み出し、自己破壊という全人類の脅威を阻止することができたのです。

私たち旧ソビエト連邦の国民は、祖国というものが持つ純粋な意味を、完全に理解しています。私たちは、外国籍を取得していようといまいと、魂と心は人生の大部分を過ごした場所にとどまるということに気づいたのです。

私たちはロシアに戻り、各々の一族の土地の創造をはじめ、新しいタイプの居住地を創設したいと願うようになりました。私たちはこれが実現したら、大勢の人々の暮らしと人生の質が向上することを確信しています。もちろん、この活動の実現と成功は、私たち次第、つまり私たちの努力や能力、経験次第だということは承知しています。しかし、私たちの多くは、外国語を覚え、ヨーロッパで新しい職業にも就けていますし、なかには起業に成功した人までいます。そして、西欧的なエコビレッジや新しい農法について学びはじめた人も大勢おりますので、ご心配をおかけすることはないと思っております。

私たちは、自分たちの力だけで、学校や文化施設、病院を居住区に建設いたします。私たちの仲間には、あらゆる専門職の人たちがおりますし、資金やビジネスチャンスも自分たちで用意しますので、今のところは、国からの特別な助成金などは必要ないと考えております。

このような行動が、社会の質を向上させると、私たちは確信しております。今まで放置されてきた土地、消耗し痩せこけた土地が、実りをもたらす園に生まれ変わり、そこにこれまでになかった考えや現実の認識、世界観を持った新しい世代が誕生するのです。

また、私たちの仲間は皆、生まれ故郷であるロシアとＣＩＳ諸国に暮らす親族や友人たちの力になりたいと願っています。そして実際に私たちは若者が抱えている問題、雇用やホームレスの問題解決の一助になれると考えています。私たちにはいつでも、何世代にもわたって蓄えられてきた一族の力と、私たちの持てる能力、経験、知識、財力のすべてを、強くて偉大な、誇り高き祖国ロシアの共同なる創造のために差し出す用意があるのです。

この構想の実現のためにご検討いただきたい項目

1．希望するすべての家族または単身の国民に、一族の土地の整備を目的とした一ヘクタールの土地を、終身利用できる権利と相続権を付与して、無償提供すること。

2．ロシア・ソビエト連邦社会主義共和国または旧ソビエト連邦内で生まれ旧ソビエト連邦国籍を持つ人々のうち、一族の土地という小さな祖国およびロシアという大きな祖国の創造を希望する人々にたいして、ロシア国籍の取得手続きを簡易化すること。

尊敬と希望を込めて

未来のロシア国民

ドイツ　百六十名の署名

アナスタシア e.V.団体
シュッツェンベルジェ通り四十三番地
フランケンエック D-67468
電話 +49 6325 955 9939
www.anastasia-de.com
ファックス +49 6325 18 38 59
Eメール：info@anastasia-de.com

＊＊＊

残念なことに、ロシア政府からはこの手紙にたいしてのいかなる回答も届かず、役人が書いたごく形式的な文書さえも送られてこなかった。だが、ドイツに暮らす彼らの手元には、ロシア大統領府が彼らからの手紙を受領したことを通知する証書がしっかりと残っている。まあ、お決まりのパターンだ。政府はドイツ在住のロシア人にだけ返事をしないのではなく、ここロシアに暮らす我われにも返事をしないのだ。アナスタシア財団のウェブサイト上には、大統領宛てのものも含めて、ロシア語だけでなく英語でも書かれた手紙がひとつのページにずらりと並んでいる。

五年ものあいだ、人々は一族の土地についての同じ質問を何度も投げかけているが、集団での手紙であっても個人の手紙であっても、それらの問い合わせに返答がなされることはなかった。

みなさんもじきにわかるだろうが、ロシアに大統領と政府よりも上の勢力が存在する以上、このような結果以外はあり得ないのだ。その勢力は、国民のことを見下し操ろうとしているのだろうが、私に言わせれば、それは無駄なことである。無論、酒に酔った人々の上になら立つことはできるだろうが、すでに未来への夢とそれを実現しようとする熱望がハートに息づいている人々の上に立つことなど、いかなる勢力にもできはしないのだ。

ひとまず、役人たちや大統領に代わって、私が親愛なる元同胞であるみなさんに、返事をするしかなさそうだ。

まずは、現在ドイツやアメリカ、イスラエル、ポーランド、チェコ、スロバキア、イタリア、フランス、グルジア、ベラルーシ、カザフスタン、モンゴルに暮らすみなさんに感謝いたします。みなさんが暮らしている国々でアナスタシアの本が翻訳され、出版されたのは、みなさんのご尽力のおかげです。私はみなさんのことを存じ上げなかったので、出版社を探すお願いができませんでした。それでも、シリーズを読んで感動で打ち震えたみなさんが、出版社や翻訳家にかけあってくださったことや、彼らが理解を示してくれなかった際には、この本を自力で翻訳し出版しようとなさったであろうことを、私は知っています。実際に、チェコやスロバキア、カナダやアメリカではそのようなことがありました。

そして、今やみなさんは理解されるようになりました！　私はドイツで、ベルリンとシュツットガルトの読者のみなさんの前に立った際に、はじめてそう感じたことを覚えています。

その時は、ドイツに移住してドイツ国籍を得たロシア人と、ロシア語を話さない生粋のドイツ国民が、ほぼ半々の割合で超満員のホールに座っていました。私は、この二つのグループがあまり仲よくないことを知っていましたが、彼らは一緒に座り、ロシア語からの通訳がわかりにくいものだった時には、親切に相手に説明しようとしていたのです。

また、私はドイツ人というのは杓子定規《しゃくしじょうぎ》であまり自分の感情を表に出さない人々であると思っていたのですが、事実は違っていました。なんと、アナスタシアの本を読むや否や、すぐに自分の車に乗り込み、はるばるシベリアまで運転してきた農場主がいたのです！　それも言葉も知らず、ロシアの道路事情や交通取締官への賄賂のこと、ロシアの気候のことも知らぬままで。それでも彼はちゃんとシベリアにたどり着き、帰りには、ドイツの友人たちにロシアのお土産まで持ち帰ったのです。

その他にも、自ら率先し、時には私財を投じて本を翻訳し、ロシア国外で出版してくださったみなさんにも、深く感謝いたします。しかし私は、単に出版のことだけを感謝しているのではありません。それよりも、みなさんがロシアのシベリアから生まれた構想と夢を理解し応援してくださることに、私は感謝しているのです。今やこの夢はロシアだけのものではありません。みなさんの夢でもあるのです！　その夢がみなさんの内で輝き続けますように。そしてそれが具現化し、子どもたちに受け継がれ、完璧な園へと花開きますように。

最も貢献をしたのは誰でしょう。熱い言葉を語ったアナスタシアでしょうか、本でしょうか、それとも燃えさかる松明を掲げるように彼女の構想を運んでいったすべての人々でしょうか。

「私は私の魂のすべてを人々に与える。私は高潔なる魂をもった人々の内にある。悪なるものよ、覚悟せよ、地球を去れ」とアナスタシアは言いました。

私はそれをただの言葉に過ぎないと思っていましたが、今やこの言葉が尋常ならぬ言葉だったということを、現実をとおして認識したのです。

彼女の夢はあらゆる国へと散らばり、あらゆる民族やあらゆる信仰を持つ何百万人もの人々の心に小さな火を灯しました。この夢は、もはやアナスタシアだけの夢ではなくなったのです。そして、多くの人々のものとなったこの夢は、一過性のものではありません。この夢は、何世紀経っても人々が変わらずに抱き続ける、永遠の夢なのです！

一ヘクタール——地球という惑星の一角

「どうしてそんなに一ヘクタールの土地のことに躍起になっているんだ、他にもっと大事なことがあるだろう」と言われることがしばしばある。しかし私は、人生で成す重要なことがひとつだけあるとするならば、それは原初の花咲く地球を今すぐにでも取り戻すことだと考えている。

一ヘクタールの『祖国』の先にあるものが、計り知れないほど重要であるからこそ、私はこの話をしているのだ。このことを説明してきた私の知能や知識、ともすれば熱意や根気強さは不十分だったかもしれないが、少しずつでも人々に理解されはじめたのならば、それは成功だと言えよう。

以前このようなことがあった。私が二〇〇三年のスイス、チューリッヒでの国際フォーラムに

招待され、登壇したときのことだ。私はロシアに生まれた例のアイディアについて話しはじめたのだが、会場の人々にはあまり理解されていないようだった。

　ホールからこのような質問が上がった。

「一ヘクタールの土地と人間の精神性がどのように結び付くとお考えなのですか？　もしかするとロシアにとっては、土地を耕し作物をつくることが重要なのかもしれませんが、欧州ではその問題はとうに解決されています。私たちは精神性について話し合うためにここに集まったのではないのですか？」

　私はいくぶん心を乱しながらも、次のように話しはじめた。

「私が一ヘクタールの土地、そしてそこで一族の土地を整備することについて話をする際、それをとても幼稚な話だと考える人もいるでしょう。欧州で行われるこのような名高いフォーラムでは、壮大な科学や精神性をテーマにした話をすべきなのかもしれません。主催者の方からお聞きしているので、今私の前にいらっしゃるみなさんが、欧州の著名な先進的教育者や哲学者、精神性をテーマとした本をお書きになっている作家、あるいは精神性について深く考察をなさる方々であることも知っています。しかし、ここにいらっしゃるみなさんがそういう方々だとわかっているからこそ、私は一ヘクタールの土地の話をしているのです。

　私は愛や精神性といった概念は、物質として具現化させるべきものだと思います。

　私が話し、またアナスタシアが意図している一ヘクタールの土地というものは、単なる土地ではありません。そこはみなさんが宇宙とつながる空間なのです。大宇宙のすべての惑星はその空間に反応することで、みなさんにも反応することになるのです。惑星たちはみなさんの友であり、助けとなる存在であり、共同の創造者なのです。

自然の法則の中で行われていることに注目してみてください。例えば、どこにでも咲いているタンポポのような花であっても、宇宙や太陽、惑星と密接につながっています。花びらは太陽が昇ると開き、太陽が沈むと閉じます。すべては調和の中にあるのです。何兆キロ、何光年もの距離であっても、そのつながりを引き裂くことはできません。強大な太陽と愛らしい小さな地上の花は一体なのです。彼らはすべてと一体であることによってのみ、自分たちが宇宙に壮大なる調和を創造できることを知っているのです。

また、大地に生える草の一本一本が反応するのは、太陽だけではありません。草たちは他の惑星たちにも、人間の気持ちにも反応します。

例えば次のような実験を行った学者がいます。室内で育てている花にセンサーを取り付け、複数の状況下で花から発せられるわずかなパルスの反応を見るというものです。学者は花が置かれた部屋に三人の人間を順番に入れました。そして一人目にはただ花の横を通り過ぎてもらい、二人目には花に歩み寄って水やりをしてもらい、三人目には葉をむしってもらいました。するとその後、葉をむしった人が近づくたびに針が振れだしたのです。つまり、植物も動揺を感じることがその反応によって裏付けられたということです。

また、主《あるじ》が家を空けると、水が十分にあっても花がしおれてしまうという現象もしばしば見受けられます。つまり、私たちは植物が人間に反応していることをすでに知っているのです。そしてその植物には、好きな人間と、好きになれない人間がいる。ということは、植物が感じた愛または愛の欠如したエネルギーは、惑星たちにもそのまま伝わっているということです。

では次に、みなさんが自分の空間、例えば一ヘクタールの土地を所有していると想像してみてください。そこは販売用のジャガイモを植えるための土地ではなく、みなさんが一定のレベルの認識と、一定のレベルの精神性をもって、自ら創造をはじめた土地です。

その土地には、専門業者によってではなく、みなさんの手によって直接植えられた数多くの植物が育っています。それら一本一本の植物や草たちは、愛をもってみなさんに接しています。そしてまさにその植物たち、命ある存在たちには、みなさんのために大宇宙のすべての最良のエネルギーを集め、与える力があるのです。そう、植物たちが集めるのは土のエネルギーだけではないのです。みなさんもご存じのとおり、土壌がなくとも育つ植物もあるのですから。

五千年前、人間は数多くの宗教を生み出した古代エジプトの神官たちによって支配されていました。神官はあらゆる意味において、その時代で最も裕福な人たちでした。彼らは神殿の地下室に金や宝石を蓄えていましたし、秘密の学問にも幅広く精通していました。ファラオまでもが、資金や助言を求めて彼らのもとを訪れていたほどです。しかし、その権力にも経済力にも何ら不自由のなかった最高位の神官たちですら、各々の所有する一ヘクタールの土地においては、奴隷をいっさい使いませんでした。それは彼らが、一ヘクタールの土地の秘密について知っていたからです。エジプトの古い神殿、神官たちの神殿の壁には、『奴隷の手による食べ物を食べてはならない』と書かれていました。これが、愛を持って植物に接しなければならない、一つ目の根拠です。

二つ目の根拠もご紹介しましょう。古代ローマの元老院に所属する議員のあいだでは、耕作地で働く奴隷がその耕作地とともに売買されていました。その土地に育つ植物に他の人間が触れてはならないとして、奴隷は必ず土地と一緒に売られていたのです。では、どうしてローマの元老院は、奴隷に土地を与えていたのでしょう？　それぱかりか、家を建てるための資金まで与えていたのはなぜなのでしょう？　もちろんそれは、年貢である収穫物の十パーセントを得るためではありますが、本当の理由は、愛と思いやりを一身に受けて育った収穫物を得るためだったのです。人間が効用を得られるのは、そのような食べ物だけだからです。

このように、エジプトの神官も、古代ローマの元老院も、最良のエネルギーが含まれた食べ物が人間の体にとっていかに有益であるかを知っていたのです。対して、今日私たちが食べている食品は、食べ物としては絶対に取り入れてはいけない『死んだ』食べ物です。木からもいでそのまま食べるベリーと、店で売られているベリーには雲泥の差があるのです。というのも、店で売られているベリーにはエネルギーがないのです。鮮度の問題ではないのです。そのような実では、人間の魂を養うことはできません。そしてそのようなミュータントの植物をつくり出したのが、我われの科学技術の世界であることは、もはや言うまでもありません。

みなさんが自分の一ヘクタールの土地を持っていないということは、みなさんが、人間にふさわしい食べ物を手に入れることができないということを意味しています。もちろん、お金を払えばなにかしらの野菜を買うことはできるでしょう。ですが、その野菜はあなたのために育てられたものではありません。ましてや、人間のために育てられたものですらありません。それはお金のために育てられたものなのです。

愛の空間、あなたが自分の手と真心で創造した空間には、癒すことのできない病気など存在しません。

人間は創造主の子どもです。植物界や動物界、空気や私たちを取り巻く空間も、神の創造物です。すべては、神の御霊が物質化したものにほかなりません。みなさんも、自分は精神性の高い人間であると考えるなら、ぜひその精神性を物質化しようではありませんか。

今、創造主が、私たちを上から見ていると想像してみてください。すると、創造主の目に映るのは、我が子が路面電車を運転したり、建築物の工事、店のカウンターに立って物売りをしている姿ばかりです。ですが、そもそもこのような職業を創造主は意図していません。これらはあなたを奴隷にしてしまう仕事です。創造主は我が子に、奴隷なんかになってほしいと思っていません。だから創造主は自分の子どもたちのために、奇跡にあふれた素晴らしい世界を創造し、それを私たちに手渡したのです。それを享受《きょうじゅ》し、活かすようにと！　しかしそのためには、私たちはこの世界を理解しなければなりません。月とはどんなものか、ノコギリソウと名付けられた草とはどんなものなのかを、私たちは知らなければならないのです。

それでは、一ヘクタールの土地とはいったいどのようなものなのでしょう？　それは、人間が額に汗して働かなければならないところでしょうか？　そうではありません！　それは、人間がまったく働く必要のない場所です！　その場所をとおして世界が統治されるべきところなのです。創造主に、より多くのよろこびをもたらすのは誰だと思いますか？　路面電車の運転手でしょうか、それとも、たとえ小さな土地であっても、そこを楽園に変えた人でしょうか？　もちろん後者でしょう。

さて、今日の人々は宇宙への道を拓いたり、火星や月の開拓について学ぶ準備ができているでしょうか？　いえ、まだできていません！　なぜなら、このままいくと、宇宙にまで武器や公害が出現してしまう、戦争が宇宙でも起きてしまうからです。しかし本来人間は、新しい別の世界を開拓するようにつくられています。そしてそれは、人間がこの地球を理解し、活かすことができるようになってはじめて可能になることなのです。さらにその開拓は、科学技術を駆使したものなどではなく、テレパシーによってなされるのです。

そのためにもまず人間は、世界の真の美しさが何に宿るのかを、認識すべきです。

例えば、みなさんの暮らすチューリッヒという都市は、素晴らしい都市だと評判です。誰もが

「素晴らしい」と口をそろえて言うのですが、では、具体的にはこの都市の何が素晴らしいのでしょう？　確かに清掃も行き届いてきれいですし、人々も不自由のない暮らしをしているように見えます。しかし、アスファルトで土を覆ってしまうのは、本当に素晴らしいことだと言えるでしょうか？　それに草が自然に生えることが許されている場所は猫の額ほどしかなく、それだって数カ所しか設けられていない。これは本当に素晴らしいことなのでしょうか？　みなさんの都市の中心街に生えている見事な杉の木が死にかけているのは、素晴らしいことなのでしょうか？　杉は、煤《すす》で、排気ガスで、呼吸ができなくなっています。それに、死にそうになっていたり、呼吸ができなくなっているのは、杉だけではありません。街を行き交う人間も、排気ガスで呼吸ができなくなっているのです。

私たちは、この地上での自分たちの行いをしっかりと見直し、これからのことを話し合わなくてはなりません。ただしその際には、きわめてシンプルに考えて話をした方がいいのです。みんなで自分の小さな区画を持ち、各々の知性と精神性を結集させ、たとえごく小さなものであっても、実際に楽園を創造し、具現化させようではありませんか。創造主がしたように、自身の精神性を物質化させ、この大きな惑星のそれぞれの小さな一画を、花咲く園に変えようではありませんか。これを世界のあらゆる国で何百万人もの人が行ったとしたら、すべての土地が花咲く園となります。そして、みんなが偉大なる「共同の創造」に夢中になるのですから、戦争など起こるわけがありません。もしもロシア人たちがスイスやドイツに押しかけるようなことがあるとすれば、それは単に、真の精神性を物質化した実例である、美しい生きたオアシスを視察し、自国に取り入れるためです。

ロシアは現在、残念なことに西側諸国のようになろうとしており、ロシアの政治家たちは、演説の中で西側諸国のことを取り上げては『発展した国々』『文明化した国々』と呼び、『発展』や『文明化』において西側諸国に追いつこうと呼びかけています。ですが、わが国の政治家たちは、あっという間に追いつくどころか、大きく引き離すことすらできるのだということにまだ気づいていません。そしてそれは、西側諸国とは逆の方向へと舵を切った場合にのみ、起こりうるのです。

私は、みなさんが住む西側諸国の文明化をおとしめたり、侮辱したりするつもりはまったくありません。でも今、私たちは精神性について話をしているのですから、お互いに誠実であるべきです。精神性は、物質的な豊かさや技術的な発達だけでは測ることができません。そのような、科学技術に偏った発展の道は、きまって人類を破滅へと導くのです。ここにお集まりのみなさんならば、きっとこのことをお認めになるはずです。しかしそれならば、みなさんが破滅に向かって先頭を走っていて、我われロシア人があとに続いているということもお認めになるはずです。ですから、立ち止まって、今、世界で何が起こっているかを考えてみてください。そして現状に気づいたら、あとを追ってくる者たちに大声で教えてあげてください。『みんな止まれ、こっちは断崖絶壁で、僕たちは気が付けば崖っぷちにいる。他の道を探すんだ』と。

私たちは、自分のハートの声に耳を傾け、精神性について語る自分の言葉を物質化するように、変わっていくべきです。確かに、一ヘクタールは地球という惑星のほんの小さな一点です。しかしそれが何百万もの点になれば、この惑星全体が花咲く園に変わります。そうなれば、数えきれないほどの花びらや、それに囲まれた幸せな子どもやお年寄りたちの笑顔によって、『地球の人間に、偉大なる共同の創造への準備ができた』ということが大宇宙に伝わるでしょう。

そして大宇宙の惑星たちはこう応えることでしょう。『人間たちよ、私たちは待っている。神の子としてふさわしい人間たちを、待っている』。

この千年紀が、偉大なる大改造のはじまりとなりました。何万ものロシアの家族が、すでに自分の一ヘクタールの土地のために走り出しています。子どもたちのために、実際に愛の空間を創造している父親や母親は、精神性について話すだけのいかなる高名な賢者よりも精神性が高いのです。

私は、みなさん一人ひとりの精神が大地から芽を出し、美しい花や芳醇《ほうじゅん》な実をつける木に育つよう願っています。そしてこの惑星のすべての区画でそうなるよう願っております!」

こう締めくくったあと、ホールはしばらくのあいだ静まり返ったが、その後大きな拍手が鳴り響いた。

私はその翌日もチューリッヒで登壇した。そしてまたもやホールは満員だった。その中には、元ロシア国民もいた。

　私の話はあまりまとまってはいなかったと思う。通訳を介していたのでなおさらだろう。しかし人々は席を立つことなく、耳を傾けてくれていた。それはおそらく、大きな力が私をとおして話しかけていたからだろう。その力はごく自然に湧き上がり、何千年ものあいだ人間の魂の奥底に確実に存在し続けている、計り知れない威力を持つものなのだ。それはすなわち、創造主たる人間の真の生き方を愛慕《あいぼ》する気持ちなのだ。

　そしてそのとき私は理解した。〝意地悪な風によって遠くへ運ばれてしまった息子や娘たちがロシアに帰ってくることを、わざわざ証明する必要などない。彼らは必ず帰ってくるのだ！〟と。

アナスタシアの言葉を思い出していただきたい。

「その日には、多くの人たちがロシアを訪れる。子どもたちは皆、巨人テラモン（＊ギリシャ神話に登場する英雄の名。アトラスとも呼ばれ、世界の中心で天空と大地が接触しないように支えているとされる）のごとく、天と地を支える大黒柱として地球が生み出したもの。放蕩《ほうとう》息子たちは帰ってくる！　そして吟遊詩人《バルド》たちはいたるところでギターを鳴らす。年老いた人々と彼らの子どもたちはお互いに手紙を送り合う。そしてあなたも私も急にとても若くなる。人々が皆、はじめて若くなるの」

国民による統治

『ロシアの響きわたる杉』シリーズの読者のみなさんに向けて、もうひとつ問いかけたいことがある。

現在、読者のみなさんによるロシアの新しい国家構想実現のための計画が民間レベルで進んでおり、法律の条文の一部が文集やウェブサイト「アナスタシア」上で公開されている。そこに書かれていることの圧倒的大部分については、私は大変興味深いものだと思っている。しかし、その新しい国家をどのように統治すべきかについては、まだ十分に煮詰まっていない。そしてこれは大変重要な問題なのだ。このことについてみなさんと一緒に考えてみたい。その皮切りに、私の持論を共有したいと思う。

政権は頻繁に変わる。この百年間でわが国の人々は、帝国主義、共産主義、民主主義といわれるいくつかの政権の下で暮らしてきた。それなのに、生活は向上していない。なぜだろうか？　悪い政治家たちばかりが政権を握るからだろうか？　しかし、その考えにも疑問は残る。それよりも、現在のシステムが政権を手にする政治家を、国民のために現実的な改善策を編み出すことのできない無能なお役人に仕立て上げてしまう、と考えた方が合理的である。

最近の国会やその他の立法議会について考えてみよう。我われが、この人は家庭を持っていて、まともな人だろうと思って一票を投じても、その後の議員活動の末にできるのは、優しい表現を使っても、ヘンテコな法案だ。なぜだろうか？　ひょっとすると、政権に加わることで、国民からかけ離れた異世界にでも迷い込んでしまうのか？　そう、例えば、議員宿舎のマンション、回転灯の付いた公用車、国民が出入りできない執務室、ありとあらゆる議員特権や極めてせわしない日常によって……。

アナスタシアの祖父が国会議員に関する興味深い案を出してくれている。「議員全員に入植地となる土地を与え、そこで国民と隣り合って暮らしてもらう」というものだ。ウクライナ国籍の法学部卒業生であるタチアナ・ボロディナが、この案を具体的な法案の形にしてくれたのだが、これは注目に値するものだと思う。その中から主だった条文をここに記載するので、読者のみなさんには、お住まいの地域におけるすべての立法議会の議員たちに提案するようお願いしたい。

また、読者のみなさんには、必ずお住まいの地域の選挙や国政選挙に行き、一族の土地に暮らしている議員に限定して投票することを呼びかけたい。

しかしながら、そもそも議員の候補者がロシアの民であるかどうかを、パスポートに押されたスタンプだけで判断してよいのだろうか？　立候補者の中には、ロシア国籍を持ち、国内のマンションの住所で住民登録をしながらも、実は他国に豪華な邸宅を所有しているという人がたくさんいる。そんな人たちが、本当にロシア国民の要望について考えるだろうか？　きっと、その人たちの意識はまったく別の方へ向いているだろう。

一方、候補者がロシアにある自分の小さな祖国、すなわち一族の土地でロシア国民に囲まれて暮らしているのであれば、候補者の意識は周りにいる国民と母国の幸福のために向けられることが期待できるだろう。

多くの人々はこのことを理解しはじめた。学生たちでさえ、立法の一助となるようにと法案を書きはじめているのだ。

議員が創設する一族の土地についてのロシア連邦法（案）

この法律は、ロシア連邦国民により選出された議員が創設する入植地の土地の入手および運営についての法的、社会的、経済的基盤を定めるものであり、またロシア連邦憲法に謳われている国の豊かさを確保する手段として、国民のために土地所有の権利を定めるものである。
この法律は、ロシア連邦法案の作成と策定、および施行を行う議員が、選挙人に最大限に寄り添う存在となり、質高く実りある業務を遂行できるよう、必要な条件を整えることを目的とすること。

第一条　本法律で使用される用語の定義

本法律において使用される用語を以下に定義する。

一族の土地――国が、収穫物および土地に関するもの一切を非課税とし、相続権付きで成人したロシア国民に提供する、終身利用のための一から一・三ヘクタールの区画の土地のこと。

入植地――一族の土地や社会的・文化的施設、公共目的の施設によって構成される、地方自治の原則に基づいた地区のこと。

終身利用――土地の区画を無条件、無期限、無償で所有および利用すること。

生きた垣根――各一族の土地および入植地の外周に植えられた樹木または低木でできた垣根のこと。

第二条　一族の土地および入植地にかかる法制度

議員に提供する入植地の創設に関すること、および一族の土地や入植地の法制度の定義と機能について規定した本法は、ロシア連邦憲法、土地に関する法規およびその他の法律に準ずるものとする。

第三条　入植地に関する主原則

議員が入植地を創設する際には、以下の主原則に従うものとする。

一、法令を遵守すること

二、国民が一族の土地にかかる権利を得られるよう諸条件を整えること

三、一族の土地の創設のための区画を無条件、無期限、無償で国民に提供し利用させること

四、一族の土地の所有者によって栽培または生産されたものが商品として販売された場合は、売上を非課税とすること

五、任期内に一人あたり一つの入植地を創設すること

六、その他に法で定められた規範に従うこと

第四条　法律の効力がおよぶ範囲

本法は、選挙に関する法律に従って選出された、ロシア連邦のすべての議員、および本法に規定された原則に基づき創設された入植地での生活を希望するすべての成人したロシア国民に対して効力を持つ。

第五条　議員に提供される入植地のための土地

一、国は、現任期および次期のロシア連邦のすべての代議員に対し、当選の日から一年間、百五十ヘクタール以上の面積の土地（以後、「国家提供区画」という）を、国民の入植地として提供する。

二、国は、全国統一の拘束名簿式比例代表制により当選した議員に対し、当該議員が希望するロシア国内の地域を国家提供区画として提供する。なお、小選挙区制度により当選した議員に対しては、当該議員が希望する当選区内の地域を国家提供区画として提供する。

三、二名以上の現職議員が同一の入植地を共同で創設すること、ならびに同一入植地内に二名以上の現職議員が生活をすることを禁止する。

四、国家提供区画は、国有地または自治体が所有する地続きの土地（水源や湖などを含む）とする。また、国は、入植地を創設する目的において、入植地として予定している領域内の土地に常住している者から当該地を没収し、現職の議員に譲渡する権利を有す。

五、国は、公共の福祉のために、入植地の対象となる土地を所有者から購入することができる。その際、国は購入予定日の少なくとも一年前までに、土地の所有者に対し、書面で通知を行わなければならない。土地の購入は、当該所有者の同意のもとに行われ、ロシア内閣認定の土地査定方法に則った価格にて売買されるものとする。

六、国は、国家提供区画に含まれることが想定される土地を、その所有者たる個人または法人の同意のもとに、同じ地域内、またはロシア国内の他地域にある同等の土地と交換することができる。
七、国は、入植予定地に隣接する土地または土地の一部（持分）を現物（具体的な区割）で所有しているロシア国民が希望する場合、双方同意のもとに、当該所有地と入植予定地内の一族の土地用の区画を、金銭を介することなく交換することができる。
八、国は、入植予定地に隣接する土地の一部（持分）を所有しているものの、その所有形態が現物（具体的な区割）でないロシア国民が希望する場合、双方同意のもとに、土地の持分（一ヘクタール以上の面積に限る）を、一族の土地用の区画として、完全または部分的に統合することができる。

第六条　入植地の構成

一、入植地は、以下の区画で構成されるものとする。
- 一族の土地を建設するための区画
- ロシア連邦の議員の子どもが一族の土地を創設するための予備区画。但し、一つの入植地において二区画を超えない数とする。

二、社会的・文化的施設およびその他の公共施設が建設される区画は、入植地の基本計画に従って割り当てること。また、それらの施設の区画面積は、入植地全体の面積の七パーセント以下でなければならない。なお、それらの区画は、入植地が所在する地域の行政機関が管理するものとする。

三、前各項を除いた残りの部分は、一族の土地建設用の区画（各一ヘクタール以上の面積）とする。但し、各区画の面積は、地形の特性やその他の要素を考慮に入れたうえで一・三ヘクタールまで拡張することができる。

四、各区画の間には、三から四メートル以上の幅の通路を設けなければならない。一族の土地の所有者は、提供された区画の境界線上に生きた垣根を植える権利を有する。

五、一族の土地のための区画を提供された者は、善隣の原則に則ったうえで、当該区画に樹木および低木の植物群（森林種を含む）を植え、人工的な貯水池を設け、住居および建物を建設し、副次的な家屋その他の建造物を構築する権利を有する。

第七条　一族の土地の建設を目的とした区画をロシア国民に分配する規則

一、ロシア連邦の議員は、創設する入植地において、一族の土地を建設するための区画を最初に選び、受け取る権利を有する。

二、議員の子どもが家庭を持った場合、当該入植地内に一族の土地を建設するための区画を受け取る権利を有する。

三、入植地内の一区画または二区画は、必ず孤児院や避難民の子どもたちのために提供されなければならない。
四、議員は、前各項を除いて残る一ヘクタールずつの区画のうち、三〇パーセント未満を、任意のロシア国民に分配する権利を有する。分配を受けた者は、当該区画を一族の土地の建設のために利用しなければならない。
五、前各項を除いた区画は、様々な層に属するロシア国民（事業主、ソーシャルワーカー、年金生活者、芸術家、知識人、軍人等）に分配されなければならない。なお、区画の割り当ては、一族の入植地の住民となる者による総会において、公開のくじ引きの方法で決定される。

第八条　入植地評議会

一、入植地評議会とは、入植地に定住する住民による、地域を代表する独立行政機関である。
二、入植地の住民は、当該入植地の住民の中から評議委員を選任し、その委員によって構成される入植地評議会を設立することができる。
三、入植地の評議委員の選挙においては、ロシア連邦の議員による特定の候補者の推薦、および議員自身の立候補を禁じる。議員が入植地の評議委員に当選した場合、当該選挙は無効とする。
四、入植地評議会は、地域自治が完全に保たれるための規制として、議会または住民投票において入植地評議会規約（以降、「規約」と称する）を採択する権利を有する。なお、当規約は、地区を管轄する司法機関の登録対象となる。

第九条　一族の土地を建設するための区画の位置づけ

一、一族の土地を建設するための区画はロシア国民のみに提供されるものとし、国外に在住するロシア国民および外国籍の者への提供を禁じる。但し、法律の規定により難民と認定された者についてはこの限りではない（なお、その場合も、一つの入植地において二家族以内までとする）。*

*著者注：法案の詳細およびそれに関する注釈は、『ロシアの響きわたる杉』シリーズの関連文集に掲載される予定である。文集も一般に購入できる予定なので、読者のみなさんが各議会の議員に法案を読むことを勧めてくださることを願う。

＊＊＊

どれだけの時間が経過したかはわからないが、私はアナスタシアの祖父に資料や原稿を読んでもらっているあいだ、散歩をして時間をつぶしていた。すると、突然大きな、そして到底老人とは思えないような勢いの笑い声が聞こえてきた。私が急いで駆け付けると、彼はまだ笑い続けていた。

「見事だよ……、いやあ笑いすぎた……、ありがとう、ウラジーミル、ありがとう。はじめはこんなに深く読み込むつもりはなかったんだがね」

「でも、読み込んでいらしたのなら、なぜ笑っているのです？　状況は深刻なんですよ。それも非常に！」

「誰にとって深刻なのかね？」。祖父は訊き返した。

「私と、アナスタシアが話した一族の土地を創設したいと願う読者たちにとってですよ！」

私の声のトーンには、いくらか苛立ちと腹立ちが含まれていたのかもしれない。祖父は笑うのをやめて私の顔をじっと見つめると、落ち着いた真剣な様子で答えた。

「やれやれ、私にも、どうして孫娘が君の世話をやき、そればかりか君の子どもまで産んだのか、未だに全体像がわかっていないんだよ。ウラジーミル、どうかこの老人に腹を立てないでおくれ。私にわからないということは、他の人も同じようにわからないかもしれないのだ。だが、わからないということ自体にも、何か偉大な意味があるのかもしれないのだよ。だから私は君に敵意を抱いていないのさ。孫娘を責めるどころか、彼女が成したことに感服しているんだ」

「では、原稿に書かれていたことについて何かおっしゃりたいことはありませんか？」

「言ったじゃないか、成されたことに感服していると」

「誰が成したことにですか？」

「孫娘さ」

「私は、私が書いた原稿について尋ねているんです」

祖父は原稿の入ったファイルに目をやった。それから黙ってじっと私を見つめると答えた。

「ウラジーミル、君がこれを人々に向けて書いたことが、どれほど必要なことなのか、私にはわからない。人々にとっては必要なのかもしれないが、私にとっては孫娘が十年前に予見したことを確認しているに過ぎない。これまで起こった様々な出来事や君にとって対立行為だと思えるすべてのものごとは、彼女がずっと前に善なるものに転換してしまったものに過ぎないのだよ」

「私や読者にたいする侮辱を、善なるものだなんて思えるわけがないでしょう?」

「君は、君や読者を侮辱しているのが誰なのか、わかっているのかね?」

「ロシア正教会の陰に隠れている何らかの組織ですよ!」

「そして、君は屈辱を感じた、と?」

「はい」

「それなら結構なことだ。じゃあ頭じゃなく、君とたくさんの人々の内に現れたその気持ちで、君たちの先祖が自分の子孫たちによって中傷されてきた気持ちを理解することができるね。先祖たちは邪教徒と蔑《さげす》まれ、やってもいない悪行をしていたと何世紀にもわたって言われ続けてきた。このことを伝えようとしたのは君だけじゃない。何世紀ものあいだに先祖たちへの誹謗中傷をくつがえそうとした歴史学者は大勢いたが、その甲斐はなく終わっていたんだ。

そして、今もまったく同じ方法で、同じような状況が生まれている。創造主の創造に触れたいと願う人々が多く増えた今もなお、彼らは先祖と同じように誹謗中傷を受けている。しかし、遠い先祖の魂たちは、今日誹謗中傷されている人々の姿を見て、奮起する。彼らは、守護天使のように、私たち子孫を守る。今、現れはじめているこの力より慈愛に満ち、光あふれるものはこの世にない。君のところまで伸びている見えない一本の糸は、二千年前の先祖からつながっているものだ。そしてそれをさらにたどれば、それが人間を創造した大元の創造主からつながっているものであることがわかる。これは揺るぎない事実だ」

祖父は、明らかに興奮を抑えながら話していた。それでも私は確認したいと思った。

「あなたがおっしゃったことは、とても重要なことかもしれませんが、一族の土地の建設が頓挫《とんざ》させられているんですよ」

「だが、その停滞した状況は、未来の設計図について解釈し創造するために必要なのかもしれないよ？」

「確かにそうなのかもしれませんね……。本当にすべてが、なんだか不思議な方向に転がっていくんですから。最初の本は、ごく単純な行動を発端に生まれ、二冊目が出ると、読者の会がはじまり、今となっては読者が自ら書き込むための『一族の書』、それに『一族の年代記』といったものまで現れたのですから……」

私がそう言うと、祖父は再び笑いだした。しかしすぐに笑いを止め、優しい笑みを浮かべて言った。

「明らかに、『一族の年代記』は孫娘の遊び心によるものだ。君たちを元気づけることができるんじゃないかと思ったんだろう。ほら、このとおり、驚いたことに孫娘は国のトップに立つ統治者や総主教が彼女のアイディアを支持するような状況をつくり出してしまった。だが、受け入れられたのは一部のアイディアだけだ。彼女の哲学については黙止しているのか、単に理解できないでいるのか……。いずれにせよ、どっちつかずではっきり言わない彼らには、永遠が訪れることはない。

歴史に名を残し永遠に生きることができるのは、たとえ意識の中でだけであったとしても、創造主がよろこぶ一族の土地を、今、創造している人たちなのだ。人々の意識がそのアイディアを求めたのか、孫娘が放ったアイディアが人々を惹きつけたのかはもはや重要ではない。永遠は、子どもたちのため、我が子と自分のために未来を創造する人々の前にある。地球にはじめて、永遠に生きるべくして生まれた人間が戻ってくる。

ウラジーミル、私は孫娘の成したことがようやく理解できるようになってきたんだよ。アナスタシアには、人間の存在に関する秘密の多くが開かれたのだろう。その中には、最高神官たちも完全に知ることができないことがひとつだけあったんだ。最高神官たちはずっと、人間の生は永遠となりうるということだけは知っていて、部分的な知識によって転生を実現させてきたが、彼らの再具現化は完全ではなかった。そしてだからこそ、彼らが行ったことはすべて、彼らにも人類にもよろこびをもたらさなかったんだ。今私は確信している。アナスタシアは、永遠を獲得するために必要な創造の叡智《えいち》を、完全に熟知しているのだ！　それを彼女に訊いて、理解しようと努めてごらん。彼女が大勢の人々に理解のできる言葉を自身の内に見いだせれば、神なる人にふさわしい世界が開くだろう。

ウラジーミル、孫娘のところへ行って話をしておいで。今は湖のほとりの杉の下に座っているよ。永遠について話す彼女の言葉の中に、知性と気持ちの両方で理解できる言葉を見つけられたら、意義深いことがこの世に起こるだろう。偉大な文明により目覚めた人々の希求は勢いよく上昇する。銀河は偉大なる希求を感じ、興奮に震えながら、惑星たちに素晴らしい生命を与えることのできる人々に触れられるときを待っているんだ。さあ行きなさい、急ぐんだ」

私は数歩進んだが、アナスタシアの祖父の大きな声が私の足を止めた。

「ウラジーミル、そろそろ君や読者たちにとって母なる政党と呼べるものをつくってもいいと思うがね」

「政党？　どんな政党です？」

「言ってるじゃないか、そのままの名前を付ければいい。『母なる党』だよ」

新しい文明

アナスタシアは明るいグレーの亜麻製のワンピースを着て、湖岸のシベリア杉の下に座っていた。彼女は両手でひざを抱えながら、頭を少しかしげ、湖面を見つめていた。私はすぐには近くへ行かずに、しばらくのあいだ、湖岸に静かに座る〝女世捨て人〟を眺めていた。いや、もはやそのような定義はアナスタシアにはふさわしくない。むしろ、現代的な暮らしをしている人々を世捨て人と呼ぶ方がよいくらいだ。

例えば、マンションに暮らす人々は、同じ階の隣人さえ知らない。通りですれ違う人たちも、お互いに完全に無関心でいる。

彼らは大勢が暮らす場所にいるのに孤独なのだ。これは、一人でいることより恐ろしいことだ。

一方、アナスタシアはタイガの湖のほとりに一人で座っているが、彼女の心は、様々な国に暮

らす数えきれないほどの人々の心に寄り添っている。彼女のことを友と呼ぶ人もいれば、まるで自分の家族であるかのように、姉や妹と呼ぶ人もいるのだ。

静かに発せられた彼女の言葉は、テレビ画面やその他多くの情報源から響く轟音や不快な金属音のような果てしない情報の流れをたやすく貫いていく。そしてその言葉を受け取った人々は、ギターの弦に乗せた歌や、多くの行動で応え、これまでとは異なる人生を歩み出しているのだ。そしてアナスタシアの祖父だって……、彼があれほど熱く自分の考えを打ち明け、私にアナスタシアと永遠について話すように頼んだのははじめてだった。

私が隣に座ると、アナスタシアは私の方を向いた。彼女の灰色がかった青い瞳の優しい眼差しは、私を安心させた。私たちはしばらくのあいだ、ただ見つめ合っていた。

私は、急に自分を抑えきれなくなり、彼女の手をとってそこに素早く口づけすると、その手を再び彼女のひざに戻した。アナスタシアの頬はぱっと染まり、まつ毛が震えた。すると、私はなぜだか気恥ずかしくなってしまった。十年も前から知っている女性を前に恥ずかしさを覚えるなんて、なんとおかしなことだろう。そして、なんと心地よいことか！

恥ずかしさによるぎこちなさを打ち消そうと、私は自分から話をはじめた。

「アナスタシア、さっききみのおじいさんと話をしてきたんだ。彼はいつになく興奮していて、永遠についての言葉が必要だというようなことを話していた。その言葉は頭や知性だけじゃなく、気持ちも含めて理解できる言葉でなければならないと言っていたんだ。その言葉はそんなにも重要なものなのかい？」

「ええ、ウラジーミル、重要な言葉よ。でも本当に重要なのは、人々の認識と自覚なの。言葉はそのために使うの。永遠なる生を受け入れ、自覚することが、人間の生き方を完全なものにする助けとなる」

「でも、生き方と永遠の生を自覚することがどう結び付いているんだい？」

「直結しているわ。今日の人々は、何十年かだけ生きたら、そのあとは命がなくなって永遠にどこかに行ってしまうものと考えている。でも人の命は永遠となることができるの。このことを世に出して、すべての人々に、それが無理でも、可能な限り多くの人々に理解されるよう明らかにしなければならない」

「でもきみは前にもそのことを話していたし、俺もその言葉はすでに何冊かの本に書いたぞ」

「ええ、話したわ。でも私の話が理解しがたいものだったからか、もしくは何千年にもわたって人間の存在が儚《はかな》いものだと強く思い込まされてきたからか、人々はまだ理解することができていない。だから私たちは新しい言葉と、人々に納得してもらえる論拠を見つけ出さなければならないの」

「それで、見つけられそうなのかい？」

「やってみるわ。でも今度は、理解してくれる人たちと一緒に探して、その言葉と論拠を見つけ出すべきなの」

「でも、まずはきみが自分の言葉で話してみてはどうだい？」

「わかったわ。そうね、このように言うべきかしら。

地球に暮らす人々の多くは、自分の人生を計画しているのは自分自身だと思っている。職業を選び、家族を持って子どもを産んだり、または逆に子どもを持たないと決めたりする。でも多くの場合、人々の決断や判断は何かに依存もしくは従属した状態で下されたものであり、自律的な判断とは言えない。彼らの決断は、社会の意見とされる他者の意志の影響を大きく受けてしまっている。例えば、あなたたちの世界で、洋服をかける『ハンガー』と呼ばれる物があるでしょ。あるとき、誰かがその物体をより完成度の高いものにしようと、人間自体をハンガーとして使うことにした。そして、人間マネキン、つまり『ファッションモデル』という職業が生まれた。この職業は人間の使命としてあるものではなく、羨むにはほど遠い職業。

でも、誰かがそれを最も魅力的な職業に仕立て上げた。生きたマネキンである人間を色とりどりのあらゆる雑誌やテレビ番組で見せ、彼女たちがどれほどのお金を稼いでいるか、そしてお金持ちがいかに彼女たちと結婚したがっているかを伝え、まるでその人生が幸せであるかのように語りだした。その結果、何百万人もの若い娘たちが、世界のトップモデルになって幸せになることを夢みるようになった。

そして世界中の若い娘たちは、こぞって幻想の栄光を手に入れようとあらゆる手を尽くすようになった。何百万人に一人くらいは、有名なモデルになることができたけれど、その本質は、単に生きたハンガーになったに過ぎない。そして、それ以外の大多数の娘たちは、夢が叶わなかった人生に激しく落胆している。

こういったことが起こるのは、彼女たちが自分の使命を何かに依存せずには自分で見極めることができず、人生を他者の意志の影響下で築いてしまったから。

これと同じように、みんなが、それに子どもたちでさえも、自分たちの使命をおろそかにして、価値あるもののように映る幻想を目指している例は本当にたくさんある。

だとすると、そのような人々で構成されている人間社会全体が目指すものは何かしら？　ウラジーミル、あなたはどう思う？」

「そうだね、その人間社会は何も目指しちゃいない。そうだろう、ほら、この国のどの政党も、それに政府ですら、未来を見据えたプログラムなんて持っていやしないんだ。アナスタシア、今きみが話した人間の使命を見極めることについて興味があるんだが、それはどういうことだい？どうやって見極めたらいいいんだ？」

「自分の意識で、神による創造の作品、つまり創造主の夢であるプログラムを認識し、感じようとしてみるの」

「創造主の夢を認識し、感じるだなんて……、そんなことができるものなのかい？」

「できる。そもそも創造主は自分の子どもである人間に、何も隠したりはしなかった。それは今も変わらない。難解な文章を書くこともなく、すべてを実例によって明らかにしている。だからまずは人間のどんな行いが永遠へとつながる道なのかを、一人ひとりが理解し、感じることが不可欠なの。ウラジーミル、そのためにも考えてみて。例えば、どうして創造主が多種多様な生きた世界を創造する一方で、現在のような自動車やテレビ、ロケットを創造しなかったのか」

「ひょっとすると、創造主はただそういったものを創造できなかっただけで、人間にはそれができたってことじゃないのかい……?」

「そうではないわ。創造主は人間のために必要なものすべてを創造したからなの。それに人間には移動する能力も、テレビ画面が映し出すものよりもっと鮮明に見るための想像力だってある。人工的で原始的な装備を使わなくたって、人間は大宇宙の惑星たちを制御することだってできる。人間の使命と、大宇宙全体ですべての生命が発展するためのプログラムは、創造主によってすでに定められている。だから創造主のプログラムを理解するためには、破壊をやめて、地球上にあるものすべてを観察し、それらが存在する意味を見極めなければならない」

不死

「創造主は人間を、不死なるものとして創造した。そのために満たさなければならない条件は、たった三つだけ。

一つ目は、人を魅了するような、そして人がそれを手本として目指そうとするような、生きた空間を創造すること。

二つ目は、善と愛をもってあなたのことを想う人が、地球上に一人でもいること。

三つめは、死があなたを襲ってくるという考えを、自分の内に絶対に起こさせないこと。これはとても重要。

例えば単に眠くなって、眠りに落ちそうなだけなのに、お前は今死んでしまうのだと吹き込まれ、その人の意識がそれを信じてしまうと、本当に死んでしまうことがあるの。一方で、たとえ地上の認識で年老いたと考えられる年齢となり、身体もぼろぼろで死の床に臥せている人であっても、死についていっさい意識せずに、自分が創造した生命に満ちた空間での人生を想い描き続けているのなら、その人は再び生まれ変わることができる。大宇宙の法則はそうなっているの。大宇宙は、生命を創造する意識を死なせることはない。

あなた方の世界に自然淘汰という概念があるように、創造主のプログラムもよりよいもの、つまり生命を創造する意識を持つ魂を再び具現化させるよう選択しているの。けれどこれまでは、死ぬという意識に支配されることを許す人が多く、転生を選択できる魂の数は少なかった。でも、今はその数が何倍にもなった。愛をもって一族の土地を創造する人は、何度でも具現化するの。

彼らの邪魔になるようなものは、地球から永遠に消え去り、そこに新しい文明が生まれ育っていく」

「どうして文明が新しくなるんだい？　人々も植物も惑星も同じじゃないか」

「新しい文明とは、ウラジーミル、周囲を取り巻く世界についての新しい認識、新しい感じ方を持つ文明のことなの。今日の人々の内に生まれたこの偉大なるはじまりは、今は目に見える形で存在していない。けれど地球という惑星全体の様相が変わっていけば、誰の目にも見えるようになる。そしてそれは大宇宙全体の生命にも影響をおよぼしていく」

「地球の様相を変えるだけなのに、大宇宙まで変えることができるものなのか？」

「変えられるの、ウラジーミル。私たちの惑星は大宇宙のほんの小さな一部だけれど、大宇宙の他の部分と強く結び付いて互いに影響し合っているの。ほんの一部が変化するだけでも、その変化は大宇宙の多様なものすべてに影響を与える」

「それは興味深いね、アナスタシア。じゃあ、未来の大宇宙の変化を見せてくれないかい？」

「もちろん！　ほら見て」

新たな世界を創造する愛

春の花咲きほこる季節の惑星ヤルメザには、地球のものに似た草や木々の花が、芳香を漂わせていた。壮麗《そうれい》な春の中、ウラジスラフはシンポジウムに向かって小道を歩いていた。彼は、惑星ヤルメザにおける生命の起源についての研究を発表することになっていて、その討論相手となるのは、幼馴染みで友人のラドミールだった。

ウラジスラフは、弱冠十九歳でどんなレベルの学会でも自身の理論を発表できるほどの十分な知識を持っており、一方のラドミールもそれに負けず劣らずの知識を有していた。ラドミールのグループは、これまでの発表会で、ウラジスラフの研究内容の中にわずかなほころびや論証が不十分な点を見つけては、容赦のない反論をしていた。そして今回のシンポジウムにはリュドミーラも来る予定だった。リュドミーラは子どもの頃からウラジスラフとラドミールが二人そろって恋する娘だった。しかし、二人とも自分の気持ちを互いに明かすことも彼女に愛を告げることもせず、リュドミーラが誰に好意を寄せているのか、兆しを見せるのを待っていた。

ウラジスラフは、これから行う自分の発表についてもう一度よく考えるために、わざと遠回りして歩いていた。ところが、誰かが自分のことをじっと見ているような感じがして、彼は集中できないでいた。すると背後で物音が聞こえたので、ウラジスラフは素早く振り返った。何者かが細道から低木の茂みへと駆け込み、草の中で動きを止めた。ウラジスラフは来た道を数歩戻ると、茂みの下草の中で、四歳の妹カーチャ（＊エカテリーナの愛称）が身を潜めているのを見つけた。

「まったく、カテリンカ（＊エカテリーナの愛称）、また僕のあとをつけているのかい？」。ウラジスラフは優しい声で妹に話しかけた。「これから大事な用事があるんだ。人の邪魔をしていることがわからないのかい？　もちろんわかるね、だから草の中に隠れているんだろう」。

「私、隠れてなんかいないわ、寝転んでるだけだもん。お花やいろんな虫さんたちを眺めているのよ」。幼いカーチャはそう告げると、本当に小さな花に興味を注いでいるかのようなそぶりを見せた。

「おや、そういうことなら、そのまま寝っ転がって眺めていたらいいさ。僕は行くからね」

カーチャはすかさず飛び起きると、ウラジスラフの方へ走り寄って話しはじめた。

「うん、行って、ウラジお兄ちゃん。私、お兄ちゃんが考えるのを邪魔しないように、うしろをそうっと付いて行くから。みんなが集まっているところに着いたら、私の手をとって歩いてね。私にはかっこよくて頭のいいお兄ちゃんがいるんだって、みんなに見せびらかすんだから」

「はいはい、わかったよ。おべんちゃらなんか使うんじゃないよ。ほら、手を出しな。でもひとつだけ約束するんだぞ。僕や他の人が発表しているときは、この前みたいに、大人たちの話にあれこれ口出ししちゃいけないよ」

満足したカテリンカは、兄の手をとり約束した。

「ウラジお兄ちゃん、私、口出ししないようにうんと頑張るね」

＊＊＊＊＊

野外の円形劇場は、惑星ヤルメザのあらゆる地域を代表して集まった老若男女でいっぱいだった。ヤルメザの人々は生まれ持った記憶力で話の細かい点まで記憶することができるため、誰も記録用のノートやペンを手にしていなかった。同様に、観客の前に出たウラジスラフも、いかなる発表用の資料も用意していなかった。彼は意識の力で空間にホログラムを映し出すことができたので、過去の光景はもちろんのこと、道具や人々の気持ちまでも再生して見せることができた。

少し緊張しながらも、ウラジスラフは研究発表をはじめた。

「私たちが暮らすこの惑星は、ヤルメザと呼ばれています。惑星の年齢は九百万京年ですが、この惑星に生命が発生したのはわずか三百年前のことでした。生命が生まれたのは、地球という惑星に住んでいた私たちの先祖二人のおかげです。より正確に言うと、惑星ヤルメザの生命は、惑星地球の二人の人間の愛と夢のエネルギーの作用によって発生したのです。よって、私は地球人の暮らしについての歴史的情報からご紹介したいと思います。

初期の地球人の暮らしが私たちの暮らしとまったく同じであったという可能性は、十分に考えられます。地球人たちは自分たちの惑星と大宇宙の使命をしっかりと把握し、それを敏感に感じ取っていました。

つまり、彼らは自分たちの惑星に存在するすべての生き物の役割を定め、それらを活かしていました。

しかしある時、大惨事が起こりました。一人の地球人の意識の中にウイルスが発症し、激しい勢いで他の地球人たちに広まってしまったのです。我われの惑星の学者たちは、このウイルスを

『死』のウイルスと呼んでいます。このウイルスの症状により、歴史的データが証明している次のような現象が起こりました。すなわち、ウイルスに侵された人々は、地球に存在していた完全なる生き物の多様性を破壊し、それに代わって原始的な人工の世界をつくりはじめたのです。また、地球人たちは、この時代を科学技術の時代と呼びました。

『死』のウイルスに侵された人々は、賢明なる存在から、愚かな存在へと変異していきました。彼らは狭い土地に群がり、まるで棺が並ぶ安置所のような、人工の石でできた住居を建てるようになりました。

たくさんの巣穴があけられた石の山を想像してみてください。地球人たちはそれをマンションと呼び、人工の石で建設したものを家と呼びました。そしてそれらが多数隣接して集まっているところを、都市と呼んでいました。

そういった都市と呼ばれるところの空気や水は汚れ、食べ物も新鮮ではありませんでした。そのため、人間の臓器はまだ生きているうちから腐敗しはじめていました。もちろん、生きながら身体の内部や臓器が腐敗しているということは想像しがたいかもしれません。しかし実際にそうだったのです。

史料からは、科学技術期の地球には医学と呼ばれる学問すら存在したということが明らかになっています。人々はこの学問において、臓器の交換が可能になったことを大きな成果であると見なしていました。そのような学問が存在すること自体が、彼らの認識や自覚の不完全さを証明していることを理解していなかったのです。

そして人間は、肉体が腐敗していっただけでなく、知性も急激に衰退し、意識の速度もどんどん落としていきました。彼らは計算能力を失うと、計算機を発明し、空間にホログラムを映し出す能力を失うと、ホログラムに似た映像を見せるためにテレビというあまりにも原始的な機器を発明しました。

そして空間を移動する能力を失うと、今度は自動車、飛行機、ロケットと呼ばれた人工的な装置まで製造しだしたのです。

さらに、彼らの世界では時おり一部のグループが他のグループを攻撃し、殺し合いをしていました。そして最も信じがたいのは、人間は永遠なる存在ではなく、自身が認識している空間において短期的に存在しているだけであると、『死』のウイルスが地球人を洗脳してしまったことです。

科学技術期の人間の行為は、惑星地球をどんどん大宇宙の中で悪臭と黒煙を放つ星へと変貌させていったのですが、それでも大宇宙の知性は、この有害な星を消滅させず、何かを待ち続けていました」

「待ってください。少しよろしいですか?」。ウラジスラフの発表を遮る声が、友人のラドミール率いる反論者のグループから響いた。「地球でそんなことは起こり得なかったのですから、これ以上あなたに発表を続けていただくのは無意味です」。

「いいでしょう。あなたたちが私の話した内容を不正確であるときちんと証明なさるのなら、発表を中断しましょう」

反論グループの中からラドミールが立ち上がり、次のように話した。

「地球人の社会に宗教が存在したということは、信頼できる事実として知られています。地球人の宗教の文献には、地球とそこにいたすべての生き物は、彼らが神と名付けた大宇宙の知性が創造したものだと説かれており、彼らは神を崇め、神の栄誉のために多数の儀式を執り行っていました。尊敬する発表者のあなたも、この事実は否定なさいませんよね？」

「ええ、否定しません」。ウラジスラフは答えた。

「では教えてください。崇拝するもののために儀式まで行いながら、同時にその創造物を破壊するということが、どうしてできるのでしょうか？　同時にそんなことをするなんて矛盾しています。従って、地球に人口が密集した都市などは存在し得なかったのです。人々は、彼らの崇拝する神が創造した水を汚すことなどできなかったはずですし、そもそも大宇宙の知性もそのような無秩序な状態を見逃すはずがありません。でなければ、大宇宙の知性とは呼べませんし、逆に、大宇宙の知性の創造物が有する知性、何よりも、その最たるものである人間自身の知性を、真っ先に疑うことになってしまいます。この点に関して、尊敬する発表者のあなたはどのように説明なさいますか？」

「お答えします。知性という存在、まして大宇宙の知性とは、知性と知性ではないものという二つの偉大な基本的要素の統合なのです。

惑星地球の人々の生には、知性ではない状態を体験する期間がどうしても必要だったのです。そして私に時間をくださるのなら、この発表の続きで、人間に二つの偉大な基本的要素が存在することを証明してみせます」

「わかりました、続けてください」。若者は同意し、自分の席に座った。

「この大宇宙の世界は相反するものが統合してできています」。ウラジスラフは確信を持った様子で話を続けた。「そして人間も、相反するものの統合を反映した存在です。しかし地球の人々の意識を襲った信じがたいほどの無秩序な状態の最中、突如として大宇宙の知性による創造を理解する人々が現れたのです……。彼らは、宗教の教義の助けも借りずに、地球の創造物にたいする自身の考え方、認識を変えたのです。そして、言葉だけではなく、自身の生き方そのものを変えはじめたのです。彼らは自分たちが創造しようとしているものがどれほど壮大なスケールのものなのかを完全には認識しきれていなかったため、自分たちの行動を単に『一族の土地の建設』と呼んでいました。

彼らは、新たな認識のもとで意識をもって大地に触れることが、大宇宙の惑星たちにも新しい活力を与えるということをまだ知らなかったのです。彼らは、死が存在しなくなることも、また彼らの子どもたちを後の子孫たちが神なる人と呼ぶようになることも、知りませんでした。彼らはただ、惑星地球に自分の一族の土地をつくっていただけなのです。そして、大宇宙の知性はじっと息をひそめ、歓喜に震えながら、彼らの行いを見守っていました。こうして、地球のすべての人々が自分の美しい土地に暮らす時代が到来し、私たちのヤルメザにもその日が来たのです……。ホログラムをお見せしましょう、ご覧ください。二人の地球人がいます」。

観衆の前の空間に地球の景色が現れ、一族の土地から森に続く小道を、百歳を超えた老夫婦が手に手をとって歩く姿が映し出された。夕暮れを迎え、空にはかすかに輝く星々が見えていた。二人は杉の木まで近づくと、そこにもたれるように腰をかけた。

「私はおばあちゃんを通り越して、もうひいおばあちゃんになってしまったわ。なのにあなたは若い頃とおんなじ調子で星空の下を散歩しようなんて口説くのね」。女性は愛情を込めて自分の連れ合いに話しかけた。

「おや、きみは口説かれたくはないのかい？」

「もちろん、口説かれたいわ、愛するあなた」

男性は彼女の肩を抱くと、急に彼女を抱きしめて唇に口づけをした。

そして彼は、彼女のワンピースの片方の肩ひもをずらして肩を露わにした。彼女の左肩を月明りが照らし、一列に並んだ三つのほくろがはっきりと見えた。男性はそのほくろ一つひとつに口づけをした。

「昔から何も変わらないわね、愛するあなた。私、あなたと離れ離れになりたくないわ」

「僕たちは離れたりしないよ。死んでもまた生まれ変わるんだ」

「私たちは生まれ変わることができないわ」。彼女は悲しげに言った。「見て、地球には空いた土地がどんどん少なくなって、どこもかしこも園や一族の土地だらけよ。私たちの孫にだって場所が足りないくらいよ。きっと地球を創造したときに創造主はそこまで計算に入れていなかったのね」。

「そうは思わないよ。僕たちがまだ知らないだけで、きっと何らかの解決策は用意されているはずなんだ。それに僕は、僕たちの愛が途絶えないってことも確信している。きみと僕は、再び生まれ変わるために死ぬんだ」

「でも、どこに生まれ変わるの？」

「見てごらん、愛しいきみよ、あの星だよ……。僕たちの意識で、地球の生命と同じようなものを新しい星に創造すればいいんだ。考えてみてごらん、どうして創造主はこんなにもたくさんの惑星を創造することを思いついたのか。すべてわけがあってのことだろう。僕たちには意識を物質化する力があるから、意識で生命のない惑星に僕たちのための生命を創造するんだ。僕たちは、僕たちの愛は何度でも具現化するんだよ！」

「愛しいあなた、美しい夢をありがとう。私はあなたと一緒に、あなたが新しい惑星に生命を生み出すのを手伝うわ」

「愛しいきみよ、僕たちの新しい惑星にどんな名前を付けようか？」

「…ヤルメザ*、と名付けましょう」

「ヤルメザよ、僕たちがじきに行くから待っていておくれ。それまでは花々を咲き誇らせ、草花で大地を覆っておくんだよ」。男性は確固たる口調で、情熱的に言葉を発した。

「私もそう願うわ」。彼女も応じた。


ホログラムが消え、ウラジスラフは客席に一礼すると、友であり反論者であるラドミールに場を譲って脇へよけた。

ラドミールはウラジスラフに代わって壇上に立ち、じっと客席を見渡してから話しはじめた。

「私は友に反論しなければなりません。まずお伝えしなければならないのは、彼の話にはたくさんの証明しきれていない点、もっと言えば矛盾点があるということです。これは私だけではないと思いますが、地球人の歴史において完全なるカオスと言える時代が存在していたという点が、私にはまだ納得できていません。

彼が見せたホログラムは、私たち皆が理解しているとおり、彼の意識、彼のイメージの力によるものであり、裏付けが必要となります。ただし、あのホログラムが私に何か奇妙な感覚を呼び起こしたのは確かです。私の友が見せたホログラムは、既出の物語から引用したものであるかのようにも思えましたが、出所までは思い出せません」

劇場にざわめきが走り、大きな声も聞こえた。

「盗作なのか?!　前代未聞だ！　でも発表者も知らなかったのかもしれないな……」

「盗作じゃないか⁈　私も既視感が湧いてきましたぞ」

ウラジスラフは頭を垂れて脇に立っていた。すると、遠く離れた観客席の列から子どものわめき声が聞こえて、彼は身震いした。

「あーあーあー！　……あーあーあー！」

声を上げていたのは、じっとしていられない妹のカテリンカだった。

〝彼女は声を出しているだけで、この状況に物申そうとしているわけではないだろうから、よしとしよう……〟

そう思ったウラジスラフの期待を裏切り、エカテリーナは静寂が訪れると大声で宣言した。

「私のお兄ちゃんと口げんかしようなんて思わないで。だってお兄ちゃんはとっても頭がよくて、デリケートなんだから」

「そうだな、説得力のある論拠だ」と誰かが言うと、クスクスと笑う声が会場に湧いた。

「そうでしょ、とっても説得力がある論拠よ」。幼いカテリンカは続けた。「そしてラドミルチク（＊ラドミールに親しみを込めた呼び方）、リュドミーラをちらちら見るのはもうやめてね。はい、もうそこまで」。

「カーチャ、黙りなさい！」。ウラジスラフが叫んだ。

「黙らないわ。リュドミルカ（＊リュドミーラに親しみを込めた呼び方）はお兄ちゃんのことが好きなのよ。そしてお兄ちゃんも彼女が好きなの。私ちゃんと知ってるんだから」

「カーチャ！」。ウラジスラフはもう一度叫んで妹の方へ向かった。

「リュドミルカ、座っていないで助けて！」。カーチャは大声を上げた。「ウラジお兄ちゃんを止めて。お兄ちゃんは最後まで言わせてくれないの。私のことを力づくで引っ張っていっちゃうつもりよ」。

遠くの列で立ち上がった亜麻色の髪の娘は、カーチャを連れて会場を出ようとするウラジスラフに追いつくと、彼の行く手を遮った。リュドミーラの頬は真っ赤に燃えていた。恥ずかしげに頭を垂れた彼女はささやいた。

「ウラジスラフ、あなたの妹は正しいわ」

静まり返ったホールに彼女のささやき声が響いた。そこにいた人々は幼いカテリンカに顔を向け、微笑んで拍手をおくった。すると観客の応援を得て感激に震えた少女は、壇上のラドミールのもとへ駆け寄って彼の隣に立ち、小さな両手を上げて観客たちに静まるように合図した。

みんなが静かになったところで、彼女はラドミールに向かって再び話しはじめた。

「ラドミルチク、あなたはもう少しで裏切り者になるところだったのよ。私のお兄ちゃんを批判しちゃいけないわ。ウラジお兄ちゃんが見せたことは全部本当なんだもの。ウラジお兄ちゃんはあなたの友達で、あなたもお兄ちゃんの友達。だから批判しちゃダメなの」

ラドミールは寛大な態度を見せながら、幼い女の子を見下ろしていた。そして、同じく寛大な態度で、彼女と劇場に座っている人々に向かって言った。

「僕は批判をしているんじゃない。事実の確認をしているだけだよ。彼のホログラムには証拠が足りないんだ。たった一つの証拠もないんだよ」

「一つあるわ。それに二つ目もあるのよ」。カテリンカは断固とした様子で言った。

「では、それはどこにあるんだい？　いったいどこに二つもあるんだい？」

「一つは、私。もう一つは、ラドミルチク、あなたよ」。少女は自信たっぷりに言った。

その言葉を発すると、少女はワンピースのボタンを二つ外し、小さな肩を露わにした。小さなカテリンカの左肩には、ホログラムに映し出された地球の老女にあったものとまったく同じ三つのほくろがあった。幼い女の子のほくろをじっと見つめていたラドミールは、血管が次第に強く脈打つのを感じた。彼が懸命に記憶をたどると、突然彼の前に、彼ひとりにしか見えないホログラムが立ち上がった。


それは地球の光景だった。彼は自分の愛する女性の肩にある三つのほくろに口づけをしていた。女性は彼を抱きしめ、笑い声を立てながら彼の髪の毛をくしゃくしゃに乱し、いつものように笑いながら彼の鼻先にキスをした。


ホログラムは消えた。

ラドミールはさらにしばらくのあいだ、肩を露わにしたまま自分の前に立っているカテリンカを見つめていた。その後、彼は素早くかがみ込むと、少女の両手をとって自分の胸に押し当てた。

カテリンカはラドミールを抱きしめてから、笑い声を立てて彼の髪の毛をかきなでると、素早く彼の鼻先にキスをした。彼が小さなエカテリンカを両腕で抱きかかえると、彼女は彼の耳元でささやいた。

「あなたはちょっとだけ急いで生まれてきちゃったのね、ラドミルチク。それとも私が生まれるのに手間取っちゃったのかしら。私が大きくなるまで待っててね。あと十四年よ。あなたは他の人とは幸せになれないの、私があなたの片われなんだから」

「待つよ、愛しい人よ。きみが大きくなるまで」。青年は静かに答えた。

激しい興奮で疲れていたカテリンカは、ラドミールの言葉に安堵し、彼の肩に頭を乗せると愛らしく眠ってしまった。彼は静まり返った観客の前に黙って立ち、未来の妻を大切に抱いていた。

彼は意識を使って空間に文字を書いた。集まっていた人々は、彼が立ち上げたホログラムにこう綴られるのを見た。

『証拠はある。一人ひとりの内にある！　大宇宙において、愛は不滅で、永遠なんだ！』

その後ラドミールは、彼の肩で眠る少女を起こさないように気を付けながら、ゆっくりと出口へ向かった。

しかし、彼は空間から自分の意識を切断し忘れていたので、ホログラムに新しい言葉が次々に映し出されていることに気が付かなかった。会場の人々はそれらの言葉が自分たちに向けられたものではないことはわかっていたものの、読まずにはいられなかった。

『きみは愛を探して、星たちのあいだを裸足で駆けてきたんだね。きみが愛を探していたのは、自分だけのためじゃない。きみは、僕たち二人が一緒にあたためていかなければならないものを、果てしなく広がる大宇宙の中、ずっとひとりであたためていてくれたんだ』

それは惑星ヤルメザの少女であり、そこに生命を誕生させた地球の女性でもある女神に向けられた言葉だった。

ひょっとするとラドミールの肩ですやすやと眠っていた小さな女神にも、愛する人の言葉が夢の中で聴こえていたかもしれない。

（＊「ヤルメザ」はロシア語の「地球」をうしろから綴ってつくられた名前）

＊＊＊＊＊

「すごいな、アナスタシア！　つまり創造主のプログラムによると、人々が地球全体を住みよくし尽くしたら、他の惑星に移り住む可能性が生まれるってことだね？」

「もちろんよ。そうでなければ宇宙にある惑星たちの存在が無意味になってしまうでしょ。創造主はすべてに壮大な意義を与えた。二人の愛、愛の中で生まれた夢は、どんな惑星にも生命を宿す力を持っているの」

「それに俺の理解では、今一族の土地をつくろうとしている人々は死なないということだ。ただ身体が変わるだけで、彼らはまたすぐに具現化する」

「もちろん、彼らが実際に地上で行うことは最も必要とされているし、創造主がよろこぶものよ。でも、まだ大地に触れることができていない人でも、意識の中で自分の生きた楽園の一角をつくりはじめるのなら、創造主の創造物から遮断された石の壁の向こうで神や精神性について語る何百人の賢者たちよりも、何倍も創造主のプログラムにとって必要な人になれるの。

一方、賢者たちの演説は冒涜的で悲しみに満ちたもの。彼らには再び具現化することのない死が待っている。彼らの末路は恐ろしいものだけれど、それは神による罰なんかではなく、自分で選んだ運命！

……創造主は大宇宙に新たな意識の光を放った。それは偉大なエネルギーであり、また裁判官でもある。宗教の教義や伝説で神の審判についてたくさんのことが語られてきたように、目に見えない創造主の審判の日は静かに近づいている。今日この星に生きているすべての人々がその審判で裁かれることになる。そしてその裁判官となるのは自分自身。

死ではなく生を選択し、生命に満ちた環境を創造するならば、誰しもが永遠なる存在となり、大宇宙の偉大なる創造者の似姿となる。

反対に、自身の想像の中で死をかたどるのなら、その人は自分の意識によって死の運命を自ら背負うことになる」

アナスタシアが川のほとりで穏やかにそして確信をもって発したこの言葉は、こだまのように広がり、地上の空間を飲み込んだかのように思えた。彼女がどれほど意識や言葉で未来をかたどる力を持っているかを知ったのは、この十年間で私だけではないはずだ。

＊＊＊＊＊

私を乗せた舟は川を上って行った。彼女の永遠の生についての言葉は、岸辺に立つ彼女の背後に広がる広大なタイガの空間に何度も何度も響きわたっていた。私の頭に突如として、〝アナスタシアは大宇宙のどの世界から、どの銀河から地上に輪郭をまとって現れ、地球という惑星に永遠という認識をプレゼントしたのだろう？〟という疑問が浮かんだ。彼女の言葉は、風の中に消えていったりはしない。まさに現実がそれを裏付けている。

そうであれば、私は読者のみなさんにお祝いを申し上げなければならない。みなさんの内に芽生えた新しい認識と自覚に、祝福をいたします！　私たちは大宇宙に生命を創造しながら、永遠に生きるのです。

友よ、よろこびの中でまた会う日まで！

下巻に続く

ウラジーミル・メグレから読者のみなさまへ

現在インターネット社会において『アナスタシア　ロシアの響きわたる杉』シリーズのヒロイン、アナスタシアのアイディアや記述に類似したテーマのホームページがあらゆる言語で多数存在しています。

多くのサイトが「ウラジーミル・メグレ」という私の名前を使い、公式サイトであると見せかけ、私の名前で読者からの手紙に返事まで書いています。

この事態を受け、私は尊敬する読者のみなさまに、国際的な公式サイト立ち上げの決意をお知らせする必要があると感じました。これを世界中の読者のみなさまへの、唯一の公式情報源といたします。

公式サイト：www.vmegre.com

このサイトにご登録いただき、ニュース配信にお申込みいただくことで、読者集会、その他の日時や場所等、多くの情報を受け取ることができます。

親愛なる読者のみなさま、みなさまとの情報チャンネルであるこのホームページで、『アナスタシア　ロシアの響きわたる杉』の世界に広がる活動を発信していくことを、ここにお知らせいたします。

尊敬を込めて

ウラジーミル・メグレ

◆ウラジーミル・メグレから読者のみなさまへのご案内◆

●無料メールマガジン (英語) のご案内 :

- 読者集会の案内
- よくある質問への回答
- 独占インタビュー
- 他の国の読者からのニュース
- 読者のみなさまからの作品

登録方法 :
下記のいずれかの方法でご登録ください。
1. ウェブサイト hello.vmegre.com へアクセスし、案内文に従う。
2. メールアドレス hello@megre.ru に "HI" という件名の空メールを送る。

●「アナスタシア ロシアの響きわたる杉」シリーズ
ロシア　第 1 巻 初版　1996 年

著者公式サイト：http://www.vmegre.com/

●リンギングシダーズLLCは、人々の新しい気づきの一助となるよう、タイガの自社工場で生産されたシベリア杉製品および一族の土地のコミュニティで生産された製品の取り扱いや、エコツーリズムなどを行っております。
http://www.megrellc.com/

●多言語公式サイト『リンギングシダーズ』
http://www.anastasia.ru/

●第三国での翻訳者や出版者のご協力を募っています。
ご意見、ご質問は以下の連絡先までお寄せください。

P.O.Box 44, 630121 Novosibirsk, Russia
E メール：ringingcedars@megre.ru
電話：+7 (913) 383 0575

◆◆◆

＊お申込み・お問合せは、上記の各連絡先へ直接ご連絡ください。

『アナスタシア ロシアの響きわたる杉』シリーズ

当シリーズは十巻を数え、ウラジーミル・メグレは続巻ならびに脚本の執筆も計画している。また、ロシアの国内および国外で、読者会や記者会見が催されている。

また、『アナスタシア ロシアの響きわたる杉』シリーズの活発な読者たちによって、一族の土地の創設を主な目的に掲げた民間団体が創設された。

著者は、一九九六年から二〇一〇年のあいだに『アナスタシア ロシアの響きわたる杉』シリーズの十冊の本：『アナスタシア』、『響きわたるシベリア杉』、『愛の空間』、『共同の創造』、『私たちは何者なのか』、『一族の書』、『生命のエネルギー』、『新しい文明（上）』、『新しい文明（下）—愛のならわし』、『アナスタ*』を執筆し、総発行部数は二十カ国語で二千五百万部にまで達している。

また、ウラジーミル市非営利型文化と創造支援アナスタシア財団（一九九九年創設）およびウェブサイト www.Anastasia.ru も創設している。

著者　ウラジーミル・メグレ ／ 原書言語　ロシア語

第一巻『アナスタシア』
第二巻『響きわたるシベリア杉』
第三巻『愛の空間』
第四巻『共同の創造』
第五巻『私たちは何者なのか』
第六巻『一族の書』
第七巻『生命のエネルギー』
第八巻『新しい文明（上）』
　　　『新しい文明（下）—愛のならわし』
第十巻『アナスタ*』

第九巻は、著者の長年の願いにより、読者自身が著者となって綴る「一族の書、一族の年表」という位置づけとなっている。

＊日本語版は未発行のため、タイトルは仮称。

アナスタシア　ロシアの響きわたる杉　第八巻

新しい文明 上

●

2020年9月17日　初版発行
2024年2月20日　第六版発行

著者／ウラジーミル・メグレ
訳者／にしやまやすよ
監修者／岩砂晶子
装丁／山下リサ（niwa no niwa）
装画／伊藤美穂
編集協力／GALLAP＋坂井 泉

発行／株式会社直日
〒500-8211　岐阜市日野東8丁目1－5（1F）
TEL　058-227-6798

印刷所／モリモト印刷株式会社

ISBN 978-4-9908678-4-3　C0011

株式会社直日《なおひ》　アナスタシア・ジャパンの想い

アナスタシアが伝えています『創造のはじまり』と『真理』に触れたとき、琴線に触れたとき、誰しもがそうであるように、私たちも行動の一歩を踏み出しました。株式会社直日を二〇一二年春に設立し、アナスタシアのメッセージをお伝えすべく、私たちは表現を開始しました。

「ひとりでも多くの日本のみなさまに、アナスタシアのメッセージ、そして彼女の美しき未来の提案をお伝えしたい!!!」、「この構想が、今地球上に山積しているすべての問題を一気に解決する一番の方法である」と。

ロシアで既にはじまっている美しきオアシス『祖国』創りを、日本の地で実現できますよう、お手伝いをさせていただいています。

また、アナスタシア・ジャパンは、アナスタシアより伝えられたシベリア杉（学名 シベリアマツ）製品を、生産元のリンギング・シダーズ社より輸入・販売し、みなさまの心身の健やかさのお手伝いをさせていただいています。さらに、『祖国』を意図するロシアのコミュニティの人々が手間暇かけ心をこめて手作りした品を、日本にご紹介、販売させていただいています。このことが、先ずはロシア連邦での立法の後押しとなり、やがて日本でも形創られていく運びになると思っています。そして、その一助となればどんなに嬉しいことでしょう。

私たちは、これからもみなさまとご一緒に共同の創造を行うことを心より願い、希求して参ります。

ＨＰ：www.anastasiajapan.com　リンギング・シダーズ社日本正規代理店
ＴＥＬ：〇五八－二二七－六七九八（平日十時から十七時　＊オンラインショップのため、実店舗はございません）